戦争の地政学

篠田英朗

講談社現代新書

2698

はじめに　地政学の視点と激変する世界情勢

地政学は役に立つのか

地政学の視点が明らかにする国際紛争の構図は、どのようなものか。

本書はこの問いに取り組む。地政学の視点を用いて、国際政治情勢を見ていく。安全保障の分野に特に焦点をあてながら、地政学の視点が、どのような有用性を持っているのかも考える。そこで本書が特に重視するのは、異なる地政学の視点が映し出す世界観の違いである。

人間を取り囲む地理的事情が、人間生活に影響を与えていないはずはない。そうだとすれば、地理的事情に起因する構造に着目して国際情勢を分析することには、有用性があるはずだ。そのような洞察から、地政学の視点が生まれてくる。

人間は、外界の環境を、根本的には変えられない。大陸の位置を動かすことが不可能であるどころか、通常は河川の位置や大きさを変えることすら、容易にはできない。ましてや特定の地理的環境の中で培われてきた人間集団の歴史的・文化的・社会的な事情は、一朝一夕には変えられない。

　そうだとすれば、それらの構造的な要因について、あらかじめ十分な注意を払っておき、具体的な現象の背景にも構造的な要因が働いているのではないかと推察して分析を試みることには、常に一定の有用性があるだろう。

　ただし、地理的事情が人間の生活に与えている影響は、複合的だ。そこで地政学をめぐる理論体系も、複数が成立しうることになる。異なる理論枠組みを持つ複数の地政学が、相互に衝突をしながら、併存しうることになる。世界観の違いと呼ぶべき事情が、複数の異なる地政学を生み出すことになる。

　地政学に対する典型的かつ古典的な批判は、それがあまりに運命論的すぎる、というものである。だが自由意志を働かせて環境要因に抗《あらが》ったり、周囲の環境の影響を操作したり、地理的条件を変化させていくことが、人間に全くできないというわけではない。むしろ環境要因から導き出される所与の条件を利用しながらも、なお同時に、積極的に変更していこうとする人間の営みによって、人類の歴史は作り出されてきた。構造的要因から洞察できる傾向を把握したうえで、なお人間の世界観の違いが織りなす衝突にも注意を払っていくのが、より適切な地政学との付き合い方だ。

　地政学の視点を持つことは、構造的な要因で発生してくる傾向を知ることである。その有用性は、傾向を知ったうえで情勢分析を行うことにある。構造的な要因による傾向をふまえて分析を行うほうが、それをふまえずに分析を行うよりも、重要な要素を取りこぼすことなく適切な分析を行える蓋然性が高まる。その範囲において、地政学の視点は、有用である。

異なる地政学が生まれるのは、傾向が、単一ではないからだ。常に複数の傾向がある。地政学の視点を駆使して傾向を抽出した後に、複数の傾向を比較する作業が待っている。恐らくはその際に、分析者が背負っている立場をよく考えたうえで、自らの立ち位置にしたがった傾向の分析をしていくことになるだろう。異なる地政学の視点が、世界観の違いに起因する衝突を起こすことを大前提にしながら、なお自分の視点を定めるために、地政学は役に立つ。

地政学は、予定調和的な世界情勢の分析をもたらさない。異なる人間の世界観が作り出す異なる地政学の視点が導き出す衝突をとらえながら、なお自分の手がかりを持つために、地政学の視点は役に立つ。

本書は、地政学の視点が有用であると考えつつ、なお異なる地政学の背景にある異なる世界観の違いに注目して、国際紛争の構図を分析することを試みる。

二つの異なる地政学

地政学に対する関心は、近年になって高まっている。「地政学」を題名に入れた書籍も、多数公刊されている。激変する世界情勢を理解する一つのカギが、地政学に隠されているかのようである。２０２２年のロシアのウクライナ侵攻は、地政学への関心を、さらにいっそうかきたてた。

ただ、多数の地政学を題名に入れた書物は、思い思いに地政学について論じているだけで、共通項を持たないまま、乱立しているようにも見える。多数の書籍が出版されているだけに、なおさらわかりにくくなっている。地政学とは何なのか、という問いに、明確に答えることは、意外にも簡単ではない。

為替相場の変動や、投資判断が語られるときに、いわゆる「地政学リスク」という概念が参照される。予測可能性の低い政治情勢が経済指標に悪影響を与える可能性のことを指していると思われる。だが、ここでもやはり、内容が明晰に理解されている場合は少ない。予測不可能な政治情勢変化のことを、「地政学リスク」という抽象概念で呼んでいる場合が多い。

本書は、むしろ、できるだけ体系的に地政学の視点を理解できるようになる説明を提供する。さらには、地政学を用いて、国際情勢を見て、よりよく理解できるようになるための視点を示す。

ただし同時に、本書は、地政学がわかれば全てがわかる、といった安易な主張はしない。地政学をめぐる議論が、最も根源的に混乱を見せる要因に着目する。

一般に地政学と呼ばれているものには、二つの全く異なる伝統がある。「英米系地政学」と「大陸系地政学」と呼ばれている伝統だ。両者の相違は、一般には、二つの学派の違いのようなものだと説明される。

しかし、両者は、地政学の中の学派的な相違というよりも、実はもっと大きな根源的な世界観の対立を示すものだ。しかもそれは政策面の違いにも行きつく。たとえば海を重視する英米系地政学は、分散的に存在する独立主体のネットワーク型の結びつきを重視する戦略に行きつく。大陸系地政学は、圏域思想をその特徴とし、影響が及ぶ範囲の確保と拡張にこだわる。

二つの異なる地政学は、そもそも地政学とは何か、という基本理解に大きな相違をもたらす決定的な世界観の違いに根差している。全く異なる理論的視座は、単に地政学をめぐる議論の錯綜を説明するだけではない。実際の国際情勢における深刻な対立を、構造的に説明するほどのものだ。

本書は、この二つの異なる地政学に着目して、乱立する議論に整理を加えるだけではなく、現実の国際情勢の動向を、構造的に把握するための視点を提供する。

地政学という「視点」

「地政学」は「学」と呼ばれているにもかかわらず、学術的な研究分野だとみなされてはいない。公刊されている多数の書籍の中で、学者が執筆したものは、非常に少ない。「地政学」を、学部名や学科名や、授業の科目名として導入している大学はほとんど存在していない。「地政学」は「学」と呼ぶべき一つの学問分野としては存在していない。

「地政学（Geopolitics）」とは、地理的（Geographical）事情を重視して政治（Politics）情勢を分析する視点である。それは非常に豊饒《ほうじょう》な議論が積み重なってきていて重要性がほぼ証明されている視点ではあるが、確固たる研究領域が存在し、同業者意識のある研究者層が存在しているような学問分野ではない。また、地理学的要素、政治学的要素、国際政治学的要素、など、通常は組み合わされることが稀な多分野の視点を、分野横断的に取り入れる折衷的な性格を持っているために、地政学の視点を、一つの学問分野に吸収して論じることは簡単ではない。そのため、地政学を専門にしていると自己認識している研究者が生まれることも非常に稀になる。

さらに言えば、日本においては、第二次世界大戦の前の時期に、地政学が日本独自の関心に沿った形で、政策論で頻繁に参照された。それが間違った形で戦争の正当化につながってしまったのではないか、という反省から、地政学とは危険な似非《えせ》学問である、という理解が広まった。今日においてもなお、地政学を正面から信奉している学者は少ない。

本書は、このような地政学をめぐる知的状況を受け止めたうえで、あえて学術的に確立された見解との組み合わせを行いながら、地政学の視点の有用性を探求する。より具体的には、筆者が専門とする国際政治学の確立された先行研究や、紛争解決学における様々な既存の議論と照らし合わせながら、地政学の視点の有用性を理解していくことを試みる。

理論学派は、あまり発達しすぎると、自己充足的に振る舞い始め、自己弁護が目的化していく様相を呈しがちになる弊害も生まれてくる。地政学がそのような陥穽《かんせい》に落ちこんでいかないためには、不断の検証が必要だ。

たとえば、2022年のロシアのウクライナ侵攻が発生した際、シカゴ大学の国際政治学者ジョン・ミアシャイマーが注目を集めた。彼自身が提唱者である「オフェンシブ・リアリズム（攻撃的現実主義）」の立場からは、NATOの東方拡大は望ましくない、という主張をかねてから行っていたために、侵攻するロシアではなく、アメリカを中心とするNATOこそが戦争の原因を作っていた、とあらためて主張したからである。

ミアシャイマーの議論には、含蓄のある洞察がある。議論の幅を広げるために、彼の議論が無視されるべきではないことについては異論の余地がない。だが徹底して19世紀ヨーロッパ国際政治の大国間政治だけをモデルにして、ロシアの勢力圏の存在の認知を訴えるミアシャイマーの議論を、そのまま21世紀の国際社会に導入することは、不可能である。しかも「オフェンシブ・リアリズム」それ自体が、ミアシャイマーが重視する特定の要素だけを強調し、他の要素を分析の対象から排除する姿勢をとる。単純化された仮説によって成り立つ理論的に純化された枠組みを提供するものだ。ある一つの要素を特筆して評価する際には有用であるとしても、総合的で最終的な分析結果を保証するようなものだとまでは言えない。

「オフェンシブ・リアリズム」が、理論的体系性の維持のために看過する要素のほうが重要である可能性は、常に分析者は念頭に置いておかなければならない。NATOの東方拡大をロシアのプーチン大統領が好ましく感じていなかったという推察は、それがロシアのウクライナ侵攻の決定的な引き金であったことや、他の要素は重要性がないことや、ましてプーチン大統領の行動を正当化すべきだと考えることを、全く成り立たせない。

一つの視点でしかない、という点では、地政学の視点も、学術的研究の分野で成立している様々な学派の様々な理論的枠組みと、同程度の重要性しか持っていない。あるいは地政学の視点が重視する紛争要因は、既存の紛争解決学の分野で議論されてきた紛争誘発要因と並んで注意を向けられるべきものでしかなく、同じ程度の重要性しか持っていない。だが、少なくとも、その程度の重要性は持っている。だから、検討に値する。

構造的な傾向への洞察が持つ有用性

さらに言えば、地政学の視点が、不変的な地理的条件から生まれる「構造的な要因」の「傾向」に着目するがゆえに、安定的な国際情勢の構造の解明と合わせて、意外にも国際情勢が流動性の度合いを高めた時にも、高い有用性を示す場合がある。地政学の視点で説明される構造的な安定性の仕組みと、地政学の視点で明らかになる構造的な事情による変化がある。

比喩を用いれば、たとえば、何らかの突発的な事件によって、家屋が物理的に壊れたり、地形が変わったりすることすらあるとしよう。しかし時がたつと、新しい家屋が再建され、地形すら元の形状に戻る力が働いたりする。多くの人々がその町に住みたがっている、その地形は自然環境に応じて形成される、といった構造的な要因によって、歴史的な流れの傾向が決まってくる。国際政治においても、冷戦体制の構造は長く続いた、ソ連の崩壊によってその構造は崩れた、というように長期的な動向と、突発的な変化とが、交互に起こり得る。そこに地政学の視点を導入すると、それぞれの事象をめぐる構造的な要因による傾向が見出されてくることになる。

20世紀の国際秩序の構造転換はどのような反発を誘発しがちなのか。なぜ冷戦体制は長期に安定した構造となったのか。ソ連の崩壊によって生じた冷戦体制の終焉は、次にどのような揺り戻しの傾向を経験する世界を予期させるのか。これらの大局的かつ長期的な傾向をとらえなくては答えることができない問いに対して、構造的な要因による傾向への洞察を提供する地政学の視点は、大きな有用性を持っていく。

私自身、20世紀の国際秩序の構造転換の余波、冷戦体制の継続性の基盤、冷戦終焉後世界の流動性の要因、などについて、様々な形で考えてきた。それぞれのテーマに即した著作や論文も公刊してきた。時には地政学の視点を明示的に参照したし、時には紙幅の関係などもあって参照しなかった。だがいずれの場合においても、地政学の視点は念頭にあった。あるいは仕事を重ねるにつれて、地政学への視点への関心は高まった。本書は、その意味では、研究者としての私にとって、いささか追加的ではあっても、必然的な仕事である。

地政学への思い

私は1991年に大学を卒業して大学院に入った世代である。つまり冷戦が終わって最初に大学院に入ってきた世代だと言える。自分が生まれた20世紀の国際社会は何なのか、冷戦体制とは何だったのか、冷戦終焉後の世界に何が起こるのか、といった問いに、大きな問題関心を持って、仕事をしてきた。冷戦終焉後の世界が「自由民主主義の勝利」によって特徴づけられる世界だとすれば、それが何なのかを考えて、論じてきた。冷戦終焉後の世界に「文明の衝突」や「対テロ戦争」の挑戦があるとしたら、それが何なのかを考えて、論じてきた。そのような視点で、頻発する世界各地の武力紛争を観察し、和平調整や軍事介入を観察し、紛争後の平和構築活動を観察したりしてきた。

私が観察してきた一連の観察対象の一つの帰結として、今の世界がある。たとえば２０２１年のアメリカの完全撤退に伴うアフガニスタン・イスラム共和国政府の崩壊があり、２０２２年のロシアのウクライナ侵攻によるヨーロッパにおける巨大な戦争がある。これらの歴史の節目になるような大きな事件を目撃して、今あらためて地政学に関する自分自身の理解を深めて整理してみることに、強く動機づけられるようになった。私自身のために、地政学の視点で世界情勢を捉え直してみたいという強い衝動を感じるようになった。

その結果が、本書である。その意味では、本書は、地政学の概説書としての性格も持ちながら、一人の国際政治学者の同時代の動向を把握するためのささやかな努力という性格も持っている。

本書の構成

本書は、このような問題意識から、4部構成をとりながら、議論を進めていく。概論として議論の枠組みを提示する第1部では、地政学の理論的な枠組みを取り扱う。主要な地政学者の議論を紹介しながら、本書が示すのは、地政学理論の対立の構図である。具体的には、「英米系地政学と大陸系地政学」の世界観の違いが、どのように政策決定者に異なる影響を与え、紛争分析者に異なる見解を与えてきたのかを、整理していく。私が本書を通じて一貫して論じていくのは、英米系地政学と大陸系地政学という二つの異なる地政学の世界観の違いに基づくネットワーク型戦略と圏域思想戦略がもたらす巨大な世界的規模の政策的議論の確執である。一般には、英米系地政学と大陸系地政学の違いは、学派の違いのようなものだとみなされている。しかし、本書は、両者はもっと根源的な世界観の違いを代表している、とみなす。しかも現実世界の人間の対立にも深く反映されている、と論じる。

第2部では、地政学の視点が生まれてきたヨーロッパにおいて、どのように地政学が現実の国際情勢の分析を助け、そして現実の国際情勢に影響を与えてきたのかを取り扱う。この作業が行きつくのは、ロシア・ウクライナ戦争によって表面化した現代ヨーロッパの地域的安全保障の構造的問題を、地政学の視点はどのように分析するのか、という問いである。そこで英米系地政学と大陸系地政学の世界観の確執が、大きな手掛かりとして参照されるだろう。

第3部では、日本の読者に地政学の視点が持つ意味を、自国に引き寄せた歴史からも感じ取ってもらうために、日本の歴史において地政学の視点がどのように取り扱われてきたのかを論じる。特に重要なのは、第二次世界大戦の前後の時期の日本の政策論の中で、地政学の視点がどのように扱われてきたのか、である。ここでも重要になるのは、英米系地政学と大陸系地政学の確執である。

第4部では、さらに現代世界の各地域の紛争の状況を、地政学の視点から検討する作業を行う。現代世界の紛争のほとんどは、アフリカから中東・南アジアにかけての地域で起こっている。従来は、アフリカは地政学の視点から分析されることが、ほとんどなかった。本書は、その間隙を埋める作業を行う。また中東・南アジアは、ヨーロッパ中心主義的な19世紀帝国主義の影響に即して地政学の視点が論じられがちであった。本書は、その制約を乗り越える作業を行う。なお中国の超大国としての台頭がもたらした影響は、世界的な規模で広がっているが、日本が位置する北東アジアにおいてその影響が最も甚大であることは言うまでもない。潜在的な深刻な紛争の構図を抱える北東アジア情勢についても、地政学の視点からの検討を加えていく。なおそれぞれの地域の検討において、異なるやり方で、しかし一貫して、英米系地政学と大陸系地政学の確執を参照していく。

こうした議論を通じて、本書が明らかにしようとするのは、二つの異なる地政学がもたらす根本的な世界観の違いである。ただし、その違いがもたらす衝突を描き出すことによって、より高い次元での地政学の視点がもたらす有用性も明らかにする。そしてそれによって、国際紛争の構図の理解を、よりいっそう深いものにしていく。

目次

第1部　地政学とは何か

まず第1部では、二つの異なる地政学の理論的な枠組みを示す。英米系地政学(Geopolitics［ジオポリティクス］)と大陸系地政学(Geopolitik［ゲオポリティーク］)と呼ぶべきものである。両者は、全く異なる世界観の理論的基盤を持つ。同じ地政学と言っても、全く異なる二つの別のものと言っても過言ではない。

まず第1章は、二つの異なる地政学がどのように異なっているのかを明らかにする。

第2章は、マッキンダーの地政学理論とハウスホーファーの地政学理論を対置することによって、二つの異なる地政学が、代表的な理論的視座によって、どのように説明されるのかを示す。

第3章は、さらに20世紀前半に活躍したスパイクマンとシュミットという二人の理論家に焦点をあてて、二つの世界大戦を経験した世代にとって、地政学の視点は何を明らかにするものだったのかを論じていく。

第1章　英米系地政学と大陸系地政学の対峙

第1章では、本書の基本的な見取り図となる、二つの異なる地政学の存在を、地政学の歴史的な淵源をひもときながら、示していくことを試みる。歴史的な観点から言えば、本来の地政学とは、本書が大陸系地政学と呼ぶ伝統のほうであった。英米系地政学と呼ばれる伝統では、当初は自らのことを地政学と称する姿勢は見られなかった。それくらいに両者は異なる思想的な背景を持つ。英米系地政学と大陸系地政学を分けるのは、国家有機体説の要素の有無であり、二元論的世界観を採用するか、多元論的世界観を採用するかをめぐる相違である。

地政学をこえた地政学の視点

通常の地政学の概説書であれば、主要な地政学者の名前を、時系列的に追っていくことから始めるだろう。本書でも、まずは地政学をめぐる議論の歴史的展開を把握するために、20世紀になるまでの関連した議論の様子を、概観しておきたい。ただし地政学の視点とは何か、という問いに答える本書の目的に沿って言えば、その前にまず、以下のことを確認しておく必要がある。

「地政学」は便宜的に発明された用語でしかなく、自らを地政学者と名乗っていた者だけが地政学の主要な論者とされているわけではない。今日、地政学の理論的代表者とみなされているハルフォード・マッキンダーは、自らを地政学者と呼んだことはなかった。それはどういうことだろうか。

英米系地政学と大陸系地政学の比較表

	英米系地政学	大陸系地政学
代表的人物	マッキンダー、スパイクマン	ハウスホーファー、シュミット
世界観	二元論的世界観（海と陸）	多元論的世界観（圏域）
キーワード	ハートランド、シー・パワー、ランド・パワー、リムランド、橋頭堡	生存圏、パン・イデーン（汎理念）、ゲオポリティーク
特徴	地理的条件を重視、海洋の自由、海洋国家による陸上国家の封じ込めを志向	国家有機体説、大国の主権を重視、複数の広域圏の存在を前提にした秩序を志向
思想傾向	現代国際法に親和的で普遍主義的で自由主義的	19世紀ヨーロッパ公法に懐古的で反普遍主義的で反自由主義的
政策傾向	同盟ネットワーク型戦略	圏域拡張主義戦略

第一に、地理的条件による構造的な要因で発生してくる傾向を知るという本書の地政学の視点への関心からすれば、検討すべき対象は、狭義の地政学に限定されない。人間が生活するにあたって、地理的条件に影響されることは必然的な事柄であり、人間は有史以来いつも地理的条件を観察しながら生活を営んできた、と言える。

原初的な政治社会を見ても、地理的条件が考慮されていない事例など、皆無だろう。社会生活の拠点を決めるにあたって判断材料になる生活のしやすさとは、主に地理的条件のことを指す。文明的な社会が生まれる際にも、地理的条件は、少なくとも最重要事項の一つだ。

現在に至るまで、世界の大都市の多くは、

海岸や河川に面している。言うまでもなく、交通交易上のメリットを鑑みてのことだ。外敵の脅威を防御する要塞を作る場合には、山岳地帯の険しい地形などの自然の防壁を十分に考慮する。戦争が発生する場合には、時々の戦場の地理的条件を有利に活用した側が勝利を収めやすいことは、軍人なら常識以前の事柄だろう。国家のような政治共同体の性格は、多分に地理的条件によって決まる。周囲を海洋で囲まれた日本は、外敵に征服占領されにくい。他方、たとえ軍事力を増強させても、自国領土を拡大させていくのには適していない。

たとえば、山岳地帯が多い日本では、国内では沿岸の平野部に強力な政治権力が生まれやすいが、山脈によって分断されている複数の平野部それぞれに存在する政治権力の間では対立が生まれやすい。日本の政治権力の中央集権化は、最大の平野である関東平野に単一の政治権力を確立したうえで、交通交易上の不利を補うための鎖国政策を導入して果たされた。

このように考えると、いわゆる地政学という用語が流通する前から、人類は地理的条件による構造的要因で発生してくる傾向について、知的分析を行ってきたと言うのが適切である。

したがって、われわれが地政学の視点として学ぶべきものは、狭義の地政学の議論を中心に据えたものであるべきだとしても、必ずしもそれだけに限定されない。また、地政学という概念の誕生は、一つの歴史的な事件として捉えておくべき事柄で、地政学の視点は必ずしもその地政学の誕生だけにとらわれるべきものではない。われわれは、19世紀末に地政学という用語がヨーロッパに登場してきたという具体的な出来事を、歴史的経緯をふまえて捉えておかなければならない。

地政学が誕生した時代

そこで第二の留意点として指摘できるのは、19世紀末のヨーロッパにおける「地政学」の用語の誕生は、あくまでもそのような用語の誕生であり、地理的条件が構造的要因となる傾向に関する知的分析の開始点そのものではない、ということである。

19世紀には、たくさんの学問体系がヨーロッパで生まれた。「経済学」や「社会学」などは、学問分野としては19世紀以前には存在していなかった。19世紀に盛んに学問体系の一つだと主張されながら、結局はそのようにはならなかった事例もある。たとえば19世紀ドイツでは、今日であれば法哲学から政治理論と呼ばれるだろう分野にまたがって、萌芽的に「国法学（Staatsrechtslehre）」が盛んに議論されるようになっていた。これはG・W・F・ヘーゲルが『精神現象学』（1807年）や『法の哲学』（1821年）などの著作で打ち立てた観念論的哲学の巨大な影響力を受けたもので、国家有機体説によって特徴づけられる法思想を基盤にした考え方の体系であった。

ヘーゲルは、学問的にはI・カントに影響される時代に生きていたが、それは政治的にはフランス革命の衝撃にヨーロッパ全体が揺れ動いていた時代のことでもあった。フランス革命を通じて、19世紀のヨーロッパに、そして20世紀には全世界に影響を与えるようになるJ・J・ルソーの思想によれば、人民は「一般意志」を持ち、一つの主権者である「国民（Nation）」として一つの実体を持つものとされた。この「国民」＝「国家」が主権者であるという理論は、絶対王政下の絶対主権論しか知らなかった当時のヨーロッパでは、革命的なものであった。カント経由でルソーの思想を受け継いだヘーゲルは、生きる実体としての主権を持つ国民国家の政治哲学を、過去に前例のない抽象命題の一般論へと昇華させた。19世紀ドイツ思想の象徴となる有機体的な国家論は、ヘーゲルの天才によって確立された。

ヘーゲルによれば、「国家は倫理的理念の現実態である」。あるいは「国家は、実体的意志の現実に現われたもの」であり、しかも「即自対自的に理性的なものである」。ヘーゲルが強調したのは、「国家は有機的組織」であり、その本性により「すべての部分が同一性へと向かわない場合、一部分が独立したものとして定立される場合には、全部が滅亡せねばならないということ」であった。ヘーゲルはそうして「国家の（内的）主権を構成する規定」として、国家の「諸契機の観念性としての実体的統一」をあげ、国家の特殊的職能や活動が国家の本質的契機であることを強調した。このような「有機体的国家」観によって、国家は一つの生きる実体であるかのように扱われていくことになる。

ヘーゲルの影響で独特の観念論的な法哲学を発展させたのが、19世紀の一連のドイツの法哲学者たちであった。J・C・ブルンチュリは、人格を持つ有機的全体性としての「国家の主権」を強調した。ブルンチュリの1852年の主著『一般国家法（*Allgemeines Staatsrecht*）』は、今日の憲法から国際法にまたがる分野での国家の法哲学が、公法の領域の全体を司る法学の頂点に位置付けられるものだというドイツ国法学に特徴的な感覚を作り出した。19世紀後半のドイツ国法学者たちであるP・ラーバント、G・イェリネック、R・イェーリングらの重厚な哲学的な法理論は、同時代のO・ギールケによる中世以来の団体法人格論に依拠した歴史法学とも重なり、ヨーロッパ全域に決定的な影響を及ぼしていった。ドイツ国法学は、現実世界におけるビスマルクの鉄血政策に裏書きされた統一ドイツ帝国の巨大な国力ともあわさって、やがて極端な国家主義思想へとつながっていく。19世紀末の政治思想家であるH・トライチュケは、国家を力と定義し、戦争を必然的な国家行為として肯定した。

ちなみに19世紀後半に近代化を急いでヨーロッパ流の法律を導入していた明治期の日本が、大日本帝国憲法の制定にあたってプロイセン憲法を模すことを決めたのも、同時代のドイツ国法学の存在感によるものであった。大日本帝国憲法の起草にあたった伊藤博文が師事したのは、R・グナイスト、A・モッセ、L・シュタインらドイツ国法学者たちであった。伊藤のブレーンであった井上毅やお雇い外国人法学者のK・F・H・ロエスレルらも、同様にドイツ国法学・歴史法学の強い影響下にあった。日本の法学の頂点に位置付けられる東京帝国大学法学部憲法第一講座教授は、美濃部達吉、宮澤俊義と、ドイツに留学して帰国した者によって占有され、その弟子たちが全国各地の大学でドイツ国法学にもとづいた憲法論を説いていった。

このような時代環境の中で、「地政学」という概念が生まれた。それは1899年にスウェーデンの政治学者・R・チェーレンによって、「Geopolitik」として生まれた。ただしチェーレンがその概念を提唱し始めたのは、師であるドイツの地理学者・生物学者のF・ラッツェルが用いていた「政治地理学（Politische Geographie）」の概念に影響されたためであった。「地政学」の用語を初めて用いたチェーレン以上に重要なのは、19世紀末のドイツ帝国内で大きな影響力を誇ったラッツェルである。

地理学と生物学が融合したラッツェルの「人類地理学」は、今日であれば文化人類学とみなされると思われる原初的な人間社会の発展論に関する研究を含んでいた。ラッツェルの南北アメリカ大陸への調査旅行を通じた政治共同体の成立過程への研究が、「政治地理学」につながった。ラッツェルは、1882年から1891年にかけて公刊した『人類地理学』で、すべての原始的社会集団は、その地理的環境との関連によってさまざまな形で発展するという見解を表現した。また、1897年の著書『政治地理学』では、国家をその隣接国と生命圏を競い合う有機体と定義して、「人類地理学」と「国家有機体説」を組み合わせた議論を展開した。後にナチスの指導者層もラッツェルの議論を利用したが、主に法律論の領域で議論されていた国家有機体説を、人類学的研究を通じて歴史的に実証しようとした点で、ラッツェルの後世への影響は大きかった。

ラッツェルに師事した後、スウェーデンで研究を進めたチェーレンは、さらに国家有機体説を発展させる過程で、「地政学」の用語を考案した。チェーレンは、国家が、人間集団と大地とからなる有機的実体であることを強調した。その観点から、政治と地理が融合すべきことを重視し、「地政学」の概念を編み出したのであった。チェーレンの考えでは、「地政学」は、政治学の一領域として位置付けられるものであった。それは有機的実体としての国家が、地理的境界線を持って存在していることに関する学問的視座のことなのであった。

チェーレンについては、国家は自給自足できる体制をとることが重要であると唱えたことや、国家の自然的境界は海の境界が理想なので大陸国家が海洋進出を目指すのは自然であると唱えたことなど、政策的含意のある部分の議論のほうが参照される傾向にある。だがそれらの政策的含意のある各論の部分も、『生命体としての国家』（１９１６年／１９１７年）などの著作を通じて展開された、一連の国家有機体説に即した理論的視座に沿ったものであった。

このようにして見ていくと、もともとのチェーレンの提唱した「地政学」が、今日われわれが一般に理解している「地政学」とは、全く異なる内容を持つものであったことがわかる。しかもそれは、19世紀ドイツ国法学が隆盛した時代に特有の国家有機体説を唱えるための概念構成であった。国民国家が一つの有機的な生命体であるというヘーゲル以降の考え方に、各国家に特定の地理的に対応する大地を付加して、国家有機体説をさらに発展させたのが、もともとのチェーレンの「ゲオポリティーク」としての「地政学」なのであった。

ドイツの国家有機体説に対抗する英米の立憲主義

ここで「地政学」誕生の背景になった国家有機体説が、19世紀から20世紀前半にかけて隆盛した特殊な思想の産物であることについて、もう少し確認しておきたい。ドイツ国法学の影響力などがあり、また帝国主義時代の社会進化論の思潮とも重なって、国家有機体説は、19世紀を通じて急速にヨーロッパの知識人層に広がっていった。だがその思想傾向に違和感を抱いていた文化圏もあった。その代表が、英米圏の思想世界である。

まずフランス革命の国民主権論からして、経験主義を重んじて抽象理念で現実を変革する政治運動を嫌悪していた同時代のイギリス人には、受け入れられないものであった。国民全体が一つの有機的生命体であるといったヘーゲル以降のドイツで隆盛した政治哲学も、イギリス人にはあまりに思弁的すぎて、受け入れられないものであった。17世紀のイギリス革命は、ジョン・ロックの社会契約説のような政治思想に根差し、主権者を制限する立憲主義体制を志向していた。だが、決して国民全体が主権者だなどと主張するようなものではなかった。イギリス人が誇っていたのは、個人の権利が擁護される自由主義的な社会であり、三権分立と国王主権の制限を達成した立憲主義の伝統であった。

18世紀イギリスの法学者W・ブラックストンによれば、国王、貴族院、庶民院という三者は、主権を共有し、決して単独では排他的な主権者とはなりえない。三者は互いに結合したときにのみ、つまりイギリス憲法の枠組みの中でのみ、主権を構成する。またブラックストンによれば、「社会の主要目的は、自然法によって個人に与えられた絶対的権利を個人が享受することを守ることにある」。そのような絶対王政から離脱したイギリスの立憲主義的な国制は、ブラックストンにとって、大英帝国の栄光の淵源でもあった。

イギリスの政治思想に慣れ親しんだ後に独立を果たした北米大陸のアメリカ人たちもまた、ドイツで国家有機体説が隆盛する前に、「分割主権（Divided Sovereignty）」の考え方や三権分立の原理に基づく合衆国憲法の国家制度を確立してしまっていた。アメリカにおいてもまた、生きる実体としての国家の主権を尊重することよりも、個人の権利を擁護する立憲主義こそが重要であった。そのためには主権は憲法規範によって制限され、しかも連邦政府と州政府によって分割されて行使されることになっていた。そもそも合衆国においては、人民すらも、州と連邦の両方に存在しており、一つの憲法体制に異なる人民の地位が併存していることが制度的な前提となっていた。

合衆国憲法の起草にあたり、その各州での批准に尽力したアレクサンダー・ハミルトンやジェイムズ・マジソンは、「主権の分割」について語っていた。合衆国憲法制定後には、最高裁判所が「合衆国は、放棄された政府の全ての権力に関する限り、主権者である。連合の各国（州）は、保持された全ての権力に関する限り、主権者である」、といった立場をとって、分割主権論を正統な法的教義とした。第6代合衆国大統領ジョン・クインシー・アダムズは、いかなる政府にも絶対権力としての主権が存在しなければならないという教義はアメリカでは適用されず、そもそも絶対権力は主権概念の本質を構成するものではない、と述べた。

19世紀のアメリカで最高の権威とみなされていた最高裁判所判事ジョセフ・ストーリーの1833年の合衆国憲法の注釈書は、「至高・絶対・制御不可能の権力」としての主権は、合衆国には存在していない、と断言した。

ストーリーによれば、「国家（the State）――それによってわれわれは国家を構成する人民を意味するのだが――は、その主権権力を様々な機能に分割するかもしれない。そして各々は、制限的意味において、各々に限定された権力に関する限り、主権者であり、その他の場合には従属的である。厳密に言って、われわれの共和制政府においては、国家（the Nation）の絶対主権は国家の人民に存する。各国（州）の残余的主権は、いかなる公的機能にも委ねられていないならば、各国（州）の人民に存する」。

アメリカ人にとって合衆国憲法は、ドイツ国法学が重視した有機的一体性を持つ国家の一般意志の表現などではなく、人民が主権者になっても依然として「法の支配」に服しなければならないことを示す立憲主義的な信念の表現であった。

イギリスでも、20世紀になる頃になってようやく、国家を一つの法人として認めるべきだ、という法律論が起こってくる。それまでイギリスでは、国家という法人は存在せず、全ては（議会によって制限された）国王／女王の行為であった。アメリカでは、南北戦争以降、連邦制を崩壊させる契機をはらむ分割主権論の政治的な含意についての警戒心が高まり、合衆国全体を一つの国民とみなそうとする主張が強くなる。

こうした英米圏の思潮の変化の背景に、学術的な世界でのドイツを起源にした国家有機体説の隆盛と、社会進化論に基づくヨーロッパ諸国の帝国主義的拡張が全盛期を迎えた国際政治の現実があった。

だがそれでも、英米圏の思想の伝統が、完全にドイツの国家有機体説に席巻された経緯はない。しかも世界観の対決としての第一次世界大戦が英米側の勝利で終わったとき、国際社会の秩序は、むしろ英米流の立憲主義の考え方にそって刷新されるようになった。英米圏の伝統的な立憲主義的な思潮が、完全にドイツの国家有機体説に飲み込まれたことはなかった。

地政学ではない地政学の視座

今日では、一般に、地政学といえば、その代表者としてハルフォード・マッキンダーの名前があげられる。地政学の最も先駆的な論文として知られるのは、マッキンダーの1904年の論文「歴史の地理的回転軸」だ。本書もまた、地政学の視座をめぐる議論で最大の関心を向けるのは、マッキンダーの業績であり、マッキンダーの影響である。

ところが、驚くべきことに、もともとの地政学の概念は、マッキンダーとは全く異なる内容で、マッキンダーが全くふれることのなかった伝統の中で、生まれた。加えて、重要な史実であるが、マッキンダー自身は、自らの仕事を地政学という用語で描写したことはなかった。マッキンダー自身は、むしろ同時代のチェーレンが継承していたドイツの国家有機体説を忌み嫌っていた。地政学とは、マッキンダーの用語ではなく、むしろマッキンダーが忌避した思潮のことであった。

マッキンダーの注意関心は、地形の形状や河川の位置などの地理的条件に徹底して注がれていた。そしてその地理的条件の精査にしたがって、有名な「シー・パワー（海洋国家）」と「ランド・パワー（大陸国家）」の概念区分などが導入された。マッキンダーの議論においては、「一般国家学」などは存在していなかった。マッキンダーの議論で存在していたのは、あくまでも具体的な地理的条件であり、それによって規定されて具体的な特質を持つに至る具体性のある人間集団だけであった。マッキンダーは、地政学の始祖ではあるが、もともとの「地政学」とは鋭く対立していた。

こうした事情を考えると、われわれの心には、非常に素朴に、次のような疑問がわいてくる。

果たしてわれわれが地政学だと考えているものは、本当に地政学であるのか？　ひょっとしたらわれわれが地政学と考えていたものは、何か地政学とは全く異なるものだったのではないだろうか？　果たして地政学とは、本当に何か一貫性のある体系を持った視座のことなのか？

これらは、かなり深刻な疑問である。これらは、単なる修辞法でも、用語法の問題でもなく、われわれの地政学の理解そのものに関わる根本的な疑問である。もしこのような疑問がわくような事情があるのだとすれば、地政学をめぐる議論がどうしても曖昧模糊としていたり、混乱が見られるものだったりするのは、むしろ当然であるだろう。実は、われわれは、いったい何が地政学であるのかについて、共通の理解を持っていないのである。

マッキンダーを中心にした現代的な地政学は、現代の政策論の基本的な視座になるものだ。これはもともとのドイツ的な国家有機体説に起源を持つ「ゲオポリティーク」としての地政学とは区別される。ただし本書は、もともとのゲオポリティークとしての地政学と、マッキンダー以降に主に英米圏で隆盛した地政学の視点の双方を、併存するものとして受け入れはする。二つの異なる地政学は、構造的な対立を見せながら、現代にも存在する。むしろ二つの異なる地政学にそって国際情勢を見ることとこそが、現代世界の構造的な対立を捉えることにつながる。

第2章　地政学理論の対立の構図～マッキンダーとハウスホーファー～

本章では、英米系地政学と大陸系地政学のそれぞれを代表するように登場した、ハルフォード・マッキンダーと、カール・ハウスホーファーという二人の20世紀初頭の理論家に注目して、本書の基本的見取り図を詳述していく。

英米系地政学と大陸系地政学の骨格は、ほぼこの二人によって説明されたと言っても過言ではない。1861年生まれのマッキンダーと、1869年生まれのハウスホーファーは、ほぼ同世代に属する。19世紀ヨーロッパの大国政治を見て学術活動を進めて理論構築を図りつつ、晩年に二つの世界大戦の勃発を目撃した。二人の理論の基盤は、19世紀の国際政治にある。ただし二人とも、二つの世界大戦に大きな衝撃を受け、自らの理論の修正も行った。

本章では、マッキンダーとハウスホーファーに着目しながら、本書が二つの地政学と呼ぶものが、どれほど異なる世界観を持っているのかを、明らかにする。そしてそのことが現実の国際政治の紛争の構図とも、大きく関わっていることも示唆する。

マッキンダーの登場

ハルフォード・マッキンダーが1904年に発表した論文「歴史の地理的回転軸」は、地政学の歴史に燦然《さんぜん》と輝く金字塔である。この論文から、今日まで続く地政学をめぐる議論が開始された、と言っても過言ではない。本書の地政学の視点の枠組みも、このマッキンダー論文を重視して、確立する。

マッキンダーは、地理学者である。日本では、高校までの学校教育科目として地理が存在することはわかっていても、地理学という一つの学問分野が存在しているようには感じられないかもしれない。19世紀末のイギリスにおいても、そうだった。そこで地理学をイギリスの大学の正規の講座にするために奔走していた王立地理学協会（the Royal Geographical Society）が、オックスフォード地理学院の初代院長として迎えたのが、マッキンダーであった。

「歴史の地理的回転軸」は、マッキンダーが王立地理学協会で行った講演がもとになって公表された論文である。彼が、地政学などよりも、地理学に愛着を持っていたのは、不思議ではない。今日、われわれが地政学と理解しているものは、マッキンダーにとっては、地理学という学問分野の豊饒な可能性のことであった。

マッキンダーは、「歴史の地理的回転軸」論文を公表した前年の1903年には、ロンドン大学のＬＳＥ（the London School of Economics and Political Science）の院長に就任していた。マッキンダーは、その後20年にわたってＬＳＥで地理学の講義を続けた。現在でも、ＬＳＥに地理学部が存在しているのは、不思議なことではないだろう。

マッキンダーの著作群のほとんどは、地理学の研究書そのものである。『イギリスとイギリスの海』（１９０２年）、『ライン川：渓谷と歴史』（１９０８年）、『インド：八講義』（１９１０年）、『地理と歴史の教授法：方法論の研究』（１９１４年）などを公刊したマッキンダーの学究的姿勢からは、われわれが関心を持つ地政学の視点を用いて国際情勢を正面から論じようとする意図は感じられない。

ただし、もともとマッキンダーは幼少期から、国際政治情勢に強い関心を持っていたという。そこで自然に、地理学の議論をしているところに、普通は地理学の話では参照されない国際政治情勢の観点が織り込まれてきた。マッキンダー自身は、少なくとも当初は、あるいは学術活動の範囲内では、地理学の可能性を示す意図で、地理的観点から見た国際政治情勢の分析を行ってみたのだろう。しかしそれを見た人々は、あるいは後世の人々は、マッキンダーといえば、その地理学と国際政治分析の融合をした人物のことである、というふうに認識し、思い出すようになった。そこでマッキンダーこそが地政学の代表者だ、ということになった。

1904年の「歴史の地理的回転軸」論文には、同年2月に勃発した日露戦争に触発されたと思われる記述がいくつかある（講演は同年1月に行われたが、論文の公刊は同年4月）。19世紀を通じてイギリスが「グレート・ゲーム」を演じていた際の相手方であるロシアが、イギリスが「名誉ある孤立」を破って踏み切った日英同盟の相手方である日本と始めた戦争に、マッキンダーは強い関心を抱いてはいたのだろう。それが従来の地理学の枠を逸脱する「歴史の地理的回転軸」論文の執筆につながった。

マッキンダーの国際情勢分析を主眼とした唯一の著作は、第一次世界大戦終了時の1919年に公刊された『デモクラシーの理想と現実』である。マッキンダーは、第二次世界大戦中の1943年に、82歳の高齢にもかかわらず、「球形の世界と平和の勝利」という題名の論文を、アメリカの雑誌『フォーリン・アフェアーズ』に寄稿している。

このようにマッキンダーが、国際情勢分析を主眼にした論考を書いたのは、イギリスが深く関わる大きな戦争があったときである。それは明らかにマッキンダーの本来の学究活動からは外れたものであったが、時世の緊迫度に動機づけられて、やむにやまれぬ気持ちで執筆したものだったのだろう。

マッキンダーが、自分自身の仕事を地政学と呼ばず、自分自身を地政学者と呼ぶことも拒絶していたのは、実際のマッキンダーの学術活動の姿勢と合致していたことだった。

今日われわれが地政学と呼ぶものは、マッキンダーの天才によって生み出されたものではある。しかし、それは本来的には、地理的条件による構造的要因の傾向を洞察することの魅力によって成立しているものである。マッキンダー地政学の影響力は、マッキンダーその人というよりも、マッキンダーが断片的に残した視点の洞察の深さによって成立している。

歴史の地理的回転軸

１９０４年の論文「歴史の地理的回転軸」において、詳細かつ洞察に満ちた地理的条件の説明をこえて、マッキンダーが行った魅力的な洞察の第一は、ユーラシア大陸の中央部に「ハートランド」と呼ぶべき特別な地域がある、ということであった。

「ハートランド」は、北極という無人地域を後背に持つ点で、特別な性格を持っている。つまりハートランドは事実上、北方からの侵略者の脅威を持たない。これはハートランドに位置する政治共同体に大きな優位を与える地理的条件であろう。

ただしハートランドには、不利に働く地理的条件も課せられている。それは、大洋に通じる河川を持たない、という弱点と言ってもいい特徴である。つまりハートランドは、大海へのアクセスを持っていない。ハートランドにつながる陸地で大海に面した部分は、大西洋に通じるバルト海側でも、太平洋側でも、いずれも冬期になると氷点下以下にまで気温が下がる気候条件を持っている。つまりそれらの地域に港を作っても、冬季になると凍結するため、使用できなくなる。したがってハートランドの港は、一年の相当期間にわたり、大海へのアクセスを持てない。

このようにして、大河を持たず、不凍港を持たないハートランドは、ユーラシア大陸の内奥に封じ込められている。これらの特別な地理的条件を持つハートランドの洞察は、地政学理論の代表者として後世に知られることになるマッキンダーの存在を決定づけたものであった。

ハートランドに位置する政治共同体は、特別な地理的条件を生かし、また克服する自然で強い衝動を持つだろう。したがって、もしそのハートランド国家が、軍事力を強化することに成功すれば、必ず南への拡張政策をとる。大陸の内奥部から膨張するハートランド国家の政策は、ユーラシア大陸全域に影響を与えるだろう。つまり、ユーラシア大陸の政治情勢を、あるいは世界全体の情勢を、突き動かして変化をもたらしていくだろう。このハートランド、つまりロシアの南下政策こそが、最も基本的な地理的事情によって歴史が動かされていく「歴史の地理的回転軸」である。

マッキンダーのもう一つの天才は、ランド・パワー概念と、それに対置するシー・パワ

マッキンダーの世界観

出典："The Geographical Pivot of History" より

ー概念を見出したことにある。

大陸中央部のハートランドを典型とする大陸の要素を持つ国家は、ランド・パワーとして特徴づけられる。このランド・パワーとは全く反対の地理的条件を持つのが、大陸に属さない島《とう》嶼《しょ》群である。周囲を大海に囲まれた島嶼に存在する政治共同体は、大陸国家の全く反対の地理的条件を持っているがゆえに、ランド・パワーとは全く異なる行動の傾向を持つだろう。マッキンダーがシー・パワーと規定した島嶼国家群は、大陸に向かって膨張政策をとるようなことはしない。すでに大海へのアクセスは持っており、貿易などを通じた利益を求める場合であっても、大陸の奥深く政治的勢力を広げる必要はないからである。ただし、ハートランドのランド・パワーが膨張政策を完成させ、シー・パワーの大陸へのアクセスそのものを遮断するのであれば、それはシー・パワーにとっても大きな脅威である。したがってシー・パワーは、ほぼ歴史法則的に、拡張主義をとるランド・パワーの膨張を封じ込めるための政策をとる傾向を持つ。

ランド・パワーの雄であるロシアの膨張主義を、シー・パワー群が封じ込める。このほぼ必然的なランド・パワーとシー・パワーの行動の傾向は、言うまでもなく、19世紀を通じてロシアとイギリスの間で展開されたグレート・ゲームの構図を強く意識したものであった。極東で発生した日露戦争にマッキンダーが触発されたのは、ランド・パワーの膨張を封じ込めるという動機を、同じシー・パワーである日本とイギリスが共有していることを、地理的条件から説明したかったからであろう。日英同盟の合理性は、「歴史の地理的回転軸」の観点から、説明されるのであった。

マッキンダーの天才が表出した第三の点は、ハートランド、ランド・パワー、シー・パワーの概念化を可能にした視点を貫きながら、全世界を一つの体系を形成するものとする見取り図を描き出したことである。

ハートランドとは区別されるユーラシア大陸の外周部分は、「インナー・クレセント（内側の半円弧）」と呼ばれる。その外側の島嶼地域は、「アウター・クレセント（外側の半円弧）」である。このアウター・クレセントこそ、イギリス、日本、米国、カナダ、オーストラリアなどの有力なシー・パワー群で構成される海上交通路に開かれている地域である。

シー・パワーは、容易にはランド・パワーによって制圧されず、逆にランド・パワーが簡単にシー・パワーに屈することもない。ただし両者の中間に位置する「インナー・クレセント」の地域は、双方からの圧力にさらされる地域として、翻弄されていく傾向を持つだろう。

マッキンダーによれば、「インナー・クレセント」に位置するインド半島、朝鮮半島などの半島部分は、「橋頭堡（Bridge Head）」と呼ばれる重要地域である。大陸から突き出した橋頭堡へのアクセス確保を、シー・パワー諸国は、非常に重視する。それは、橋頭堡を押さえて大陸へのアクセスを確保すれば、ランド・パワーの膨張を牽制していくことができるからである。もっともランド・パワー側から見れば、橋頭堡を押さえ込んでしまえば、シー・パワーの大陸へのアクセスを拒絶することができる。こうして橋頭堡である半島周辺は、歴史の地理的回転軸がもたらす傾向として、ランド・パワーとシー・パワーの間の激しいせめぎあいが生まれる地域となる。

このハートランド、ランド・パワー、シー・パワー、インナー・クレセント、アウター・クレセント、橋頭堡、という諸概念の設定によって生まれてくる「歴史の地理的回転軸」を起点にした体系的な世界全体の見取り図は、国際政治の全体動向の傾向を洞察する際に、最も重要な基本的な視点となると、今日でも広く信じられている。マッキンダーの地政学の理論とは、まさにこの見取り図のことである。

マッキンダー自身が、この見取り図をどこまで敷衍《ふえん》して一般理論化しようとしていたかは、必ずしも明らかではない。しかしいずれにせよ、この見取り図を見た同時代そして後世の人々は、この見取り図を、国際情勢分析の際に留意しなければならない基本的な視座として重視するようになった。それによって、マッキンダーの名前が冠せられる系統の地政学の理論が生まれたのであった。

ハウスホーファーの地政学理論

マッキンダー自身が、自らの理論的視座を地政学とは呼ばなかったとしたら、いったい誰がそのように呼び始めたのだろうか。

それは当時ミュンヘン大学地理学教授であったカール・ハウスホーファーであった。ハウスホーファーこそが、「地政学」を、あたかも一つの学問分野であるかのように取り扱おうとした人物である。その際に彼が強く意識せざるをえなかったのが、マッキンダーであった。そのため、ハウスホーファーは、マッキンダーのこともまた、地政学という学問領域で活躍した人物であるかのように取り扱った。ハウスホーファーにならって、マッキンダーをドイツ地政学の伝統にそって理解しようとする論者が、日本にもかなりいる。

だが実際には、ハウスホーファーの理論は、マッキンダーの理論と、かなり異なっている。ラッツェルからチェーレンに流れるドイツ地政学の継承者は、ハウスホーファーである。

すでに見たように、マッキンダーには、国家有機体説のようなドイツ思想の特徴が欠落している。ハウスホーファーは、いわばイギリスで名声を得ていた地理学者マッキンダーを「地政学」の領域に引きずり込んで勝負を挑んだうえで、圧倒することを狙っていた。この姿勢は、20世紀前半のドイツによる英米両国に対する二度にわたる軍事的挑戦の姿勢と、重なり合うところがある。

ハウスホーファーは、軍人としてキャリアを開始し、第一次世界大戦中には西部戦線で砲兵連隊長を務めたりした人物である。両大戦間期には、大学に職を得て政策論を講じながら、ナチスとも接近して、ドイツの政策コミュニティに入り込んだ。だが結局、第二次世界大戦後に、戦争犯罪人となる疑いが残る中、自殺してしまう。歴史的には正統と言ってよい「ゲオポリティーク」としての地政学」を最も体系的に代表した人物であったにもかかわらず、あまりにドイツ的な内容と生涯であったがゆえに、地政学の歴史の裏側の人物であるかのように扱われてしまうのが、ハウスホーファーである。

ハウスホーファーとナチスのつながりを過度に強調すべきではないだろう。ユダヤ人の妻を持っていたハウスホーファーに反ユダヤ思想は見られない。ドイツと日本が同盟関係を結ぶことの意義について、日独両国で熱心に説いていたハウスホーファーだが、決してイギリスやソ連との対立を望んでいたわけではなかった。

ハウスホーファーがヒトラーと親交を持つようになったのは、ミュンヘン大学での教え子であったルドルフ・ヘスを介してのことであったが、彼のヒトラーとの関係は、ヘスとヒトラーとの関係と同じように推移した。ヘスは、ナチス党の創設メンバーであり、ヒトラーの『我が闘争』の口述筆記を担当したほどであった。ヒトラーの「生存圏(Lebensraum)」の思想には、ハウスホーファーの影響が見られる。そもそも生存圏とは、ハウスホーファーの用語であり、ハウスホーファーがヒトラーに伝授した概念であった。

ヘスがイギリスとの講和を望んで戦時中の1941年に単身イギリスに渡ってヒトラーからも裏切り者と見なされる事件が起こった際、ハウスホーファーは秘かにヘスを励ましていた。ドイツがソ連とイギリスの両国と交戦関係に入ったことを、誰よりも嘆いていたのが、ハウスホーファーであった。さらに1944年には、ハウスホーファーの息子が、ヒトラー暗殺計画に関わっていた疑いで逮捕され、翌年に処刑される事件が起こる。晩年のハウスホーファーは、失意のどん底に陥っていた。

このように複雑な経緯をたどるハウスホーファーとヒトラーとの関係において、ヒトラーが好んだ生存圏の概念が重要になってくる。たとえヒトラーの生存圏の概念が軍事拡張主義の正当化の道具でしかなかったとしても、民族の有機的実在性を地理的領域性と組み合わせて理解する思想は、ラッツェルやチェーレンから、ハウスホーファーが正統に受け継いでいた「ゲオポリティークとしての地政学」の核心であった。

ドイツ民族は、ヨーロッパ最大の民族集団であったが、長期にわたり統一的な政治共同体を確立するための固有の土地を持たなかった。ドイツ人にとって、民族と土地の一致への渇望は、ドイツ人としての精神そのものに深く関わる。そのドイツ的な思想を理論的に説明する「地政学」は、まさにドイツ的であったがゆえに、ヒトラーにも強くアピールしたのであった。

ハウスホーファーによって論じられた「勢力圏」に通じる各地域の「広域圏」である「生存圏」の理論的視座は、大陸系地政学を特徴づける。一般にこれは、日本語文献や英語圏では、「パン・リージョン（Pan-region）理論」と呼ばれ、広域地域を指す概念であると説明される。原語のドイツ語は、１９３１年の論文「Geopolitik der Pan-Ideen」に由来し、いわば「汎の理念の地政学」というハウスホーファーの関心を表している。大陸系地政学では「空間（Raum）」の概念が重要であり、日本語で通常「圏」と訳されるのは、この「空

ハウスホーファーの圏域をイメージした図

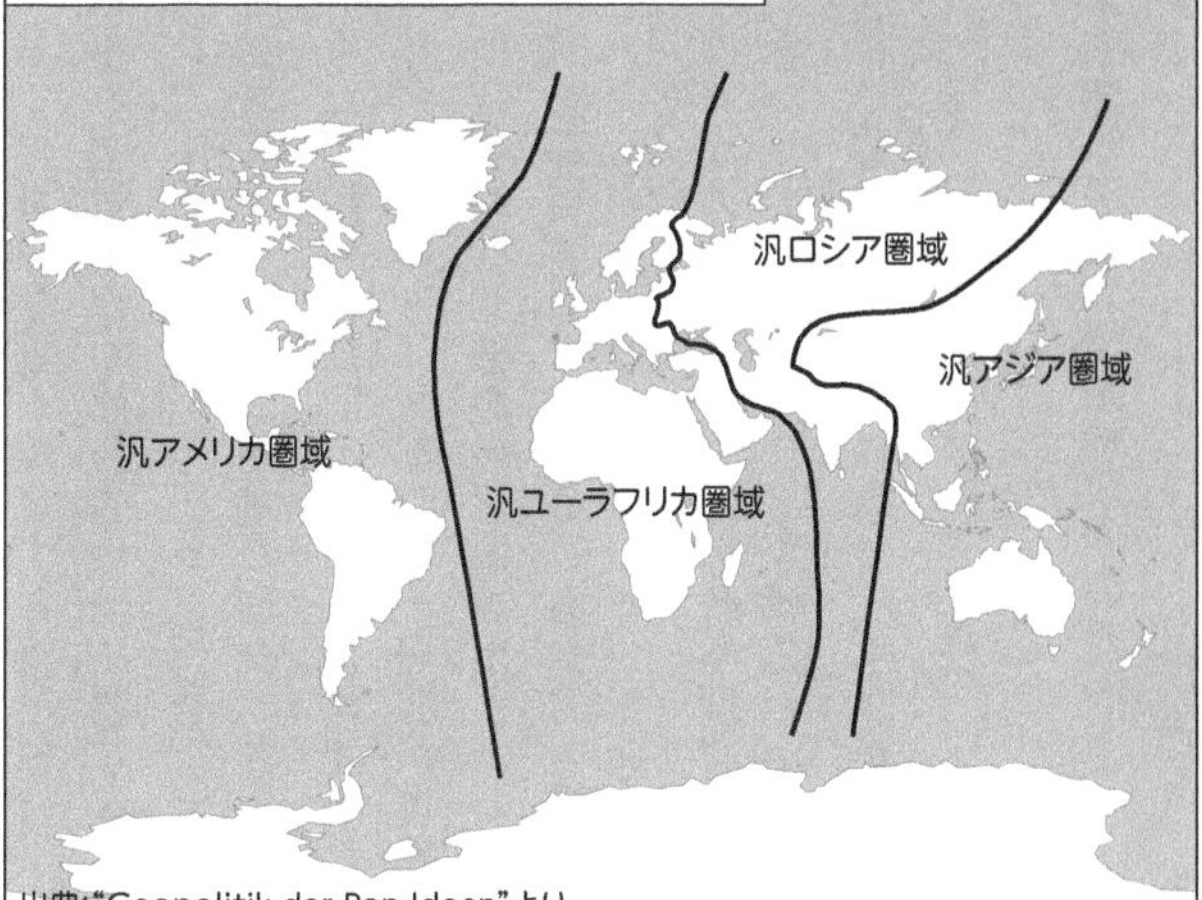

出典:“Geopolitik der Pan-Ideen”より

間」である。特定の「空間」が、特定の有機的国家と結びついているとすると、その「空間」よりも広範な地理的広がりを持っているのが「汎」で表される領域だ。

　ハウスホーファーは、この既存の「空間」を超えた領域を「パン・イデーン（Pan-Ideen）（汎理念）」と呼び、広域地域のある種の理念型として捉えていた。本書では、これを「圏域」思想と呼び、大陸系地政学の特徴として注目していく。

　ハウスホーファーの視座では、ソ連が覇権的地位を持つユーラシア大陸の内奥部、西太平洋・東アジアでは日本が君臨する生存圏が認められた。言うまでもなく、アメリカは西半球世界の覇権国である。ドイツが生存圏を確立する場合には、ヨーロッパではドイツが君臨することになる。いわゆる適者生存の社会進化論に通じる思想を持っていたチェーレンにならって、ハウスホーファーは強国が君臨する各地域の広域圏の存在を認めていた。

民族国家は、生きる実体であるとすれば、自らが生きる土地を獲得し、維持しようとする。もし複数の民族間に競合関係が生まれるとすれば、強い民族が君臨することになるのが自然の常である。ただし単一民族が世界全体を支配するような状態は、自然の摂理に反し、地政学的な洞察からは導き出されない。そのため各広域圏の盟主の民族は、お互いの生存圏を尊重すべきである。もしその相互尊重が円滑に行われるのであれば、国際情勢は安定し、破滅は避けられる。

このハウスホーファーの地政学理論が、大東亜共栄圏構想に魅力を感じていた日本人を強く惹きつけたことは、当然の成り行きであった。ハウスホーファーが日独同盟の熱心な推進者であり、戦前の日本でハウスホーファーこそが地政学の代表的理論家とみなされていたことも、自然なことであった。

英米系地政学と大陸系地政学の対峙

ドイツのハウスホーファーの理論は、イギリスのマッキンダーの理論と、世界観の面で、鋭く対立する。

マッキンダー理論では、「歴史の地理的回転軸」が、必然的に膨張政策をとるハートランドのランド・パワーに見出される。そして「回転軸」を取り囲むシー・パワーが、必然的に封じ込め政策をとることによって、歴史は展開していく。マッキンダー理論では、世界は二元的である。ランド・パワーとシー・パワーの世界とは、膨張主義と封じ込めの勢力が織りなす二元的な世界である。両者は、現状改編的勢力と、現状維持的勢力と表現してもいい。あるいは領土拡張主義の勢力と、ネットワーク重視の勢力と言い換えることもできる。

これに対してハウスホーファーの理論では、世界は地域ごとの強者が持つ影響力によって編成されるいくつかの圏域に分かれている多元性を持つ。この世界で重要なのは、どの民族国家が自らの「生存圏」を保持できる実力を持っているか、その実力にみあった「生存圏」はどれくらいの範囲に及ぶべきものか、複数の「生存圏」の関係はどのように維持されるか、といった点である。それぞれの「生存圏」の覇権的勢力が、お互いの「生存圏」の存在を相互に認め合うことが、安定性につながる。それぞれの「生存圏」の覇権的勢力が、他の「生存圏」を侵害する場合には、その勢力は秩序攪乱《かくらん》者となる。

言うまでもなく、マッキンダー理論は、英米圏の思想的伝統に合致し、政治的利益に合致する。シー・パワー群から見ると、現状変革を辞さず拡張主義を採る勢力を封じ込めることこそが、自国の利益である。そのためには、平時から自らが属するネットワークの普遍主義的立場を正当化し、維持しておくことが重要である。海洋の自由や自由貿易の原則を唱えるシー・パワー群は、さらに領土不可侵や武力行使の禁止の原則を唱えて、現状維持に資する国際秩序の維持に利益を見出すだろう。それがマッキンダー理論から導き出される論理的な推論である。

これに対して、ハウスホーファー理論は、ドイツに代表される大陸諸国の思想的伝統に合致し、政治的利益に合致する。ハウスホーファーが重視する各地域秩序で覇権的な力を持つ民族国家は、自らの生存圏を確立することに利益を見出す。生存圏を維持するためには、広域地域内における覇権主義的な行動と、他の大国の生存圏の尊重とが、重要になる。多元的にいくつかの広域圏に分化した世界は、生存圏の相互承認によって成り立つ世界である。それがハウスホーファーの「パン・イデーン」理論から導き出される論理的な推論である。

このように英米系の地政学と、大陸系の地政学は、根源的な世界観の部分で、全く異なっている。理論が依拠する世界の基本的視座が、決定的に食い違っている。そのため理論的見地から妥当と見なされる政策も、大きく異なってくる。

マッキンダー地政学は、地理的条件によって作り出される構造的な要因で生まれる二つの政治共同体のグループの間の葛藤を描き出したうえで、シー・パワー群のネットワークが持つべき普遍主義の世界観にそった政策がどのようなものでありうるかを示す。ハウスホーファー地政学は、特定の民族と特定の領土との有機的結びつきを洞察したうえで、力の強い政治共同体の生存圏の存在を認めていく。そして複数の生存圏の相互関係が織りなす多元主義の世界観にそって進めていくべき政策の方向性を示そうとする。

二つの異なる地政学の間の乖離《かいり》は、根源的な世界観をめぐる乖離である。しかも地理的条件を客観的に見極めたうえで導き出されると信じる二つの理論の間の乖離である。本書は、これを、埋める作業は行わない。それがあまりに深い乖離だからだ。本書は、むしろまず、この深い乖離が、どのような葛藤を、知的議論において、そして現実政治において、作り出してきたのかを、描き出す。その分析的な作業をへた後でのみ、本書が想定する日本の読者の立場に立った政策的な含意を論じていくことができるだろう。

第3章　対立する地政学理論の展開～スパイクマンとシュミット～

英米系の地政学と大陸系の地政学の葛藤は、20世紀初頭にハウスホーファーが、マッキンダーを地政学の領域に引き込むように参照したときから始まった。それは第一次世界大戦が勃発したヨーロッパにおいて、地政学の視点が、大きな関心を集めていたからこそ起こった現象であった、とも言えるだろう。

ただし地政学の視点のさらなる発展のためには、アメリカの視点の導入が必要であった。世界最強国として、第一次世界大戦の帰趨《きすう》に決定的な影響を与え、さらに第二次世界大戦によっていっそう世界的規模の覇権国としての地位を固めたアメリカにおける地政学の視点の広がりが、大きな意味を持った。

本章では、地政学の視点のアメリカでの導入に大きな役割を果たしたニコラス・スパイクマンの議論を見ていくことにする。

なおアメリカが推進する国際秩序に対して、異議を唱えた思想家は、世界中に多々存在した。第一次世界大戦で敗戦国になりながら、復権の機会をうかがっていたドイツには、英米が主導して作り出そうとしていた第一次世界大戦後の国際秩序を、根本的に批判しようとした思想家たちがいた。

本章では、その代表者として、カール・シュミットを取り上げる。シュミットは、通常は地政学の理論家としては参照されないかもしれないが、彼のいくつかの著作は、明らかにハウスホーファーの大陸系の地政学と親和性を持つものであった。

スパイクマンの地政学理論の普遍主義

第二次世界大戦中のアメリカでマッキンダー理論を修正する地政学の理論を展開したのは、スパイクマンである。スパイクマンは、シー・パワーとランド・パワーというマッキンダー地政学の基本的な概念構成を受け継いだ。ただしマッキンダー理論のヨーロッパ中心主義的な性格に修正も加えた。

もともとアメリカには、19世紀末にシー・パワーの力について海戦の史実を精緻に分析する議論を展開したアルフレッド・マハンの伝統があった。マハンの『海上権力史論』（1890年）を通じて、すでにアメリカではシー・パワーとしての海軍力の整備が自国にとって最重要課題であることが、強く認識されていた。

マハンによれば、シー・パワーは、地理的位置、自然的形態、人口、国民性、政府の性質などによって定められる。そしてマハンが、海を支配するシー・パワーでありながらも、同時に大陸を支配するランド・パワーとなることはありえないと論じたことは、あまりにも有名である。マッキンダーに先立って、アメリカでシー・パワーとランド・パワーの概念区分を行っていたのが、マハンであった。しかも「ハートランド」に着目するマッキンダーとは異なり、マハンの議論は、あくまでもシー・パワーに焦点をあてたものであった。

マッキンダーは、第一次世界大戦終結時に公刊した『デモクラシーの理想と現実』において、「東欧を支配する者はハートランドを制し、ハートランドを支配する者は世界島を制し、世界島を支配する者は世界を制する」という有名な言葉を残した。

これは第一次世界大戦が東欧を東部戦線として展開した大戦争であったからだけでなく、戦後処理の過程で東欧の地域秩序が大きな問題になったからでもあった。第一次世界大戦の対立構図を見て、マッキンダーは、ドイツの覇権が東欧全域に及んでしまえば、ハートランドの国家であるロシアも、やがてドイツの覇権に屈することになる、そうなればヨーロッパ全域をドイツが掌握することになり、もはやどの他国もドイツを牽制することができない、したがってドイツが世界島（マッキンダーの造語でユーラシア大陸とアフリカ大陸をあわせた地域を指す）を制し、つまり世界全体を制することになる、と洞察した。第一次世界大戦は、シー・パワー連合が、このドイツの野望を打ち砕いた戦争であった。

このマッキンダーの洞察は、第一次世界大戦の本質を簡明に言い表したものだと評価することができるし、その後のヨーロッパの地域情勢あるいは世界規模の国際情勢を分析する際にも、大きな示唆を与えるものだと言うことができる。ただし、東欧を制すると、世界全体を制することになる、という命題は、いかにもヨーロッパ中心主義的な見方である。世界で最も重要な地域がヨーロッパであるという前提があるからこそ、ハートランドとの接合部分に位置する広大な平野部としての東欧が、世界で最も重要な地域だ、という洞察を導き出すことができる。

もしヨーロッパの重要性が相対化され、ヨーロッパ以外にも同じように重要な地域があるという前提に立つと、その帰趨が世界島の行方に影響を与えそうな地域は、東欧以外にも、多々ある。

特にアメリカを世界最強国として位置づけるのであれば、アメリカの視点を取り込んだ正統なヨーロッパの重要性の位置づけが必要である。マッキンダーの議論は、すでにマハンの議論に親しんでいたアメリカ人には、魅力的であると同時に、限界を持つものだった。そこでマッキンダーの世界観の大枠を受け入れつつ、そのヨーロッパ中心主義の見方を修正する試みが、アメリカでなされることになる。

スパイクマンは、マッキンダー理論ではインナー・クレセントと呼ばれていた地域の帰趨が、全体として重要であるという洞察を示した。この地域は、東欧を含むのだが、決してそれだけではない。

ユーラシア大陸の外周部全域に及んでいるのが、スパイクマンが「リムランド(Rimland)」と呼んだ土地である。スパイクマンは、マッキンダーのヨーロッパ中心主義を修

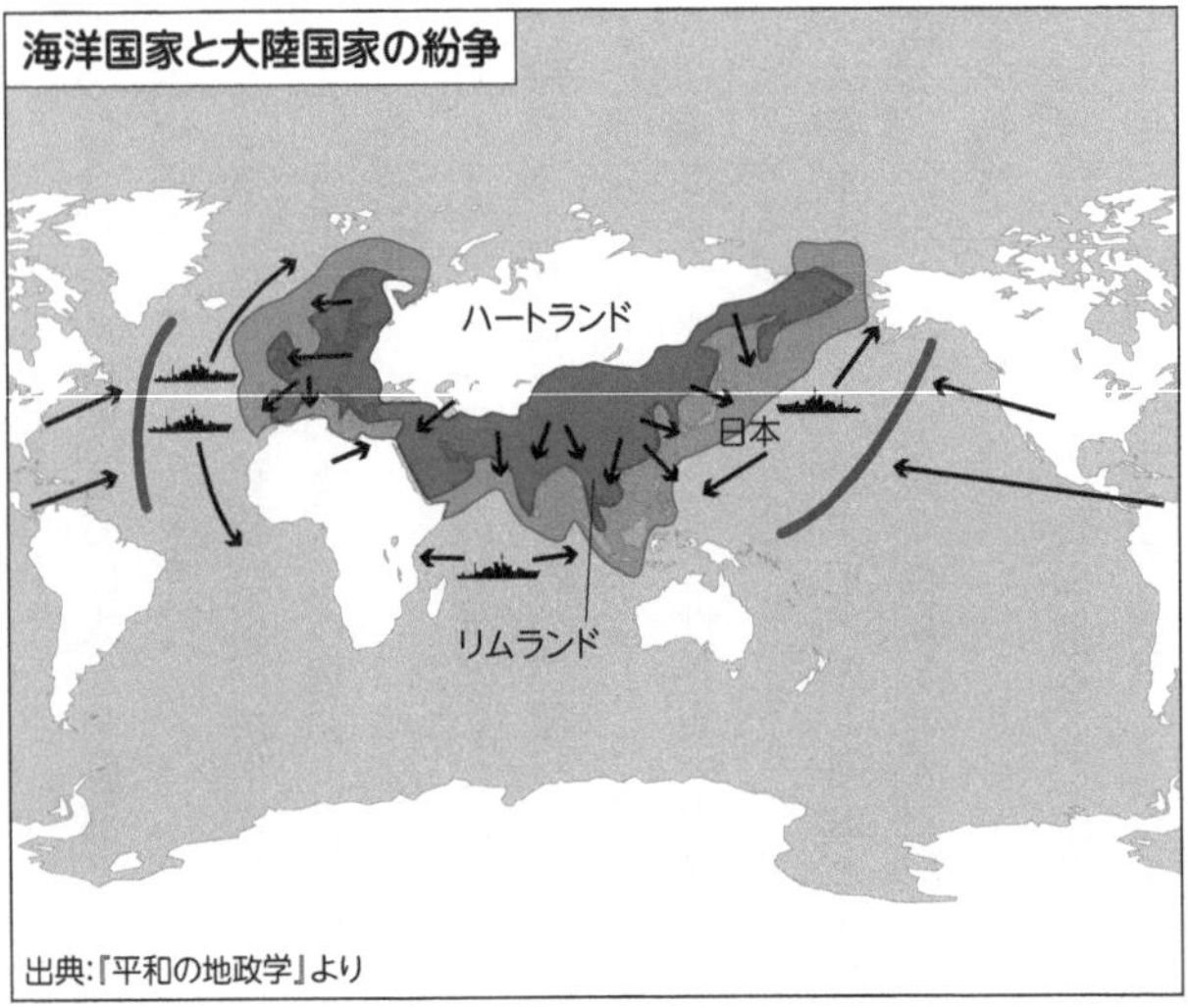

正する意図で、世界島の運命は、リムランドの趨勢によって決せられると洞察した。なぜならリムランドこそが、陸上国家と海上国家が激しくぶつかり合う地域であり、その結果が双方の勢力の拡張または減退に大きな影響を与えるからである。

スパイクマンが活躍する1940年代以前のアメリカは、モンロー・ドクトリンを外交政策の基本的な枠組みとしていた。このドクトリンは、日本の学校教科書などで孤立主義と説明されることもあるが、学術的に正しくは、相互錯綜関係回避（Non-Entanglement）原則に基づく地域的な国際秩序を表現した理念であった。

モンロー・ドクトリンを、マッキンダー理論にしたがって解釈すれば、ユーラシア大陸の外側のシー・パワー共同防衛の仕組みだということになる。西半球世界の共和体制の国々が、ヨーロッパの帝国主義諸国が膨張してくるのを、共同で封じ込めるという性格を持っていた。そこにはアメリカ特有の「神の恩寵」にしたがった「明白な運命」論に基づいて、世界を「新世界」と「旧世界」に区分して理解する二元論的な視点があった。

ただしハウスホーファー理論にしたがえば、モンロー・ドクトリンは、アメリカ合衆国の生存圏あるいは勢力圏を正当化する原理でしかない。世界をいくつかの生存圏に分けて多元的に理解する際に、西半球世界が一つのアメリカの生存圏であることを示すだけの原理が、モンロー・ドクトリンということになるはずだった。

しかし真珠湾攻撃によって新たな脅威が現実のものとなり、西太平洋とヨーロッパの双方で大規模な戦争を遂行することになったアメリカは、伝統的なモンロー・ドクトリンの殻にこもっているわけにはいかなくなった。そこで第二次世界大戦後には、モンロー・ドクトリンの地理的範囲を拡大させ、ヨーロッパと西太平洋地域の双方に強力な軍事同盟のネットワークを築くことになった。1945年以降も、依然として二元的な世界観にそって、アメリカの外交政策は進められていった。

ただし、かつてはモンロー・ドクトリンによってのみ象徴されたアメリカを中心としたシー・パワー連合の仕組みは、西半球世界という地理的範囲に限定されることなく、集団的自衛権という国連憲章に定められた国際法原則にそって、世界的規模に拡大していった。スパイクマンの地政学は、アメリカが、ヨーロッパと西太平洋にまで伸びる同盟制度によって、新たな地理的広がりを持つことになった現代の二元的な世界観を表現するものだった。

19世紀以来のアメリカの外交政策の基本原則であるモンロー・ドクトリンは、ヨーロッパと西半球世界との「相互錯綜関係回避」を旨とするもので、厳密には孤立主義ではない。ただしヨーロッパとアメリカの関係に即して言えば、確かにモンロー・ドクトリンとは、アメリカがヨーロッパから絶縁することを宣言したものであった。なぜなら「ヨーロッパ大陸での戦争や紛争」は、アメリカを悩ませるからである。「自由と解放という米国人の願い」は、共和主義体制の国々が共存している「新世界」では維持されるが、「旧世界」では妨げられる。アメリカは神の恩寵を受けた「明白な運命」論にしたがって、西半球世界で自由を謳歌するが、それは汚れたヨーロッパの勢力均衡の政治に関わらない限りにおいてである。

しかし果たしてアメリカは、ヨーロッパとの接触を絶ったまま生きていけるのか。大国になったがゆえに、むしろアメリカは西半球世界をこえた地域での出来事にも関わらざるを得なくなってきているのではないか。これは、ヨーロッパ帝国を凌ぐ大国となった20世紀に入ってからのアメリカで、誰もが心に抱いていた問いであった。

ウッドロー・ウィルソン大統領は、世界大戦が勃発したヨーロッパとの関わりは断つことは不可能だという認識から、第一次世界大戦に参入し、むしろ戦後の国際秩序の構築に主導的な役割を果たそうとした。モンロー・ドクトリンの地理的範囲を拡大させ、ヨーロッパを飲み込んでしまうことによって、ジレンマを解決しようとしたのである。しかし議会は、ウィルソンのように決断することはできず、国際連盟への加入を認めなかった。

逡巡するアメリカを覚醒させたのは、大日本帝国の真珠湾攻撃だった。これによって強制的に西半球世界をこえた世界的規模の紛争の構図に引きずり込まれたアメリカは、伝統的な「米国が自国権益を守るためには、海のこちら側だけを守ればよいのか、それとも大洋の向こう側の地へ積極的に関与していくべきなのか」という問いと決別することになった。

つまり、真珠湾攻撃以降のアメリカは、スパイクマンの言う「米国の防衛の第一線はヨーロッパとアジアの勢力均衡維持にあるという立場」を採用するようになった。

スパイクマンは、この歴史的転換の時代にあって、地政学の視点を強調することを通じて、アメリカの外交政策をめぐる議論に貢献しようとした。スパイクマンのリムランドを重視する理論は、「大洋の向こう側の地へ積極的に関与して」、「米国の防衛の第一線はヨーロッパとアジアの勢力均衡維持にあるという立場」をとることである。

もともとモンロー・ドクトリンに代表される伝統的なアメリカの外交思想には、「汚れた」ヨーロッパの「旧世界」から離れたいという願望と、「明白な運命」にしたがって西半球世界の「新世界」を拡張させたいという願望の両者が、混在していた。したがってヨーロッパから見れば孤立主義であるものは、西半球世界から見れば介入主義でありうる。

この事情は、20世紀後半のアメリカの外交政策についてもあてはまる。冷戦時代のアメリカは、共産主義体制を忌み嫌いつつ、自由主義陣営を地域横断的に防御しようとした。日本のアメリカ外交史の権威であった斎藤眞によれば、1947年以降の「トルーマン主義はモンロー主義の論理的延長」であり、「地域的限定をとりはらった、世界大のモンロー主義」と呼ぶべきものであった。

この点は、英米系地政学と大陸系地政学の葛藤という本書の視点から見ると、大きな含意がある。

ハウスホーファー理論にしたがえば、アメリカは西半球世界に自国を盟主とする生存圏を持つ。世界の安定は、アメリカがこの生存圏を管理しながら、他の生存圏を尊重することによって確保されるはずである。しかし、マッキンダー理論にしたがえば、アメリカはシー・パワー連合の盟主であり、そのネットワークは、時代に応じて形を変えながら、地域横断的に存在する。つまり大陸系地政学にしたがえば生存圏の正当化でしかないモンロー・ドクトリンは、英米系地政学にしたがえばシー・パワーの普遍主義的ネットワークのことである。

スパイクマンが、マッキンダー理論を継承しながら、20世紀後半のアメリカの外交政策の理論的基盤を準備したことの意味は大きい。スパイクマンにおいて初めて、ソ連というランド・パワーと対峙しながら、西半球世界をこえて同盟国のネットワークを張り巡らせるシー・パワーの雄としてのアメリカの外交政策が理論的に整備されたからである。

アメリカでは、マハンが、19世紀末にシー・パワーの力について精緻な議論を展開していた。それはシー・パワーとしてのアメリカの軍事力の整備の道筋に大きな影響を与えた。しかしマハンの議論は、あくまでもシー・パワーは歴史的にどのような力であったか、といった問いに注意が向けられたものであった。世界全体を鳥瞰的に見渡して理論構築を進めていく地政学の視点は希薄であった。

20世紀のアメリカの外交戦略は、スパイクマンの地政学によって説明されていた。そして世界一の強国であるアメリカが実践するスパイクマンの地政学理論は、20世紀後半の世界において、最も強力な地政学理論として君臨するものであった。

カール・シュミットの広域圏論の地域主義

１９４０年代の第二次世界大戦の現実を見ながら、地政学の理論をアメリカで発展させたスパイクマンと同時代に生きたドイツの理論家に、カール・シュミットがいる。

スパイクマンが１８９３年生まれで、シュミットが１８８８年生まれなので、同世代である。マッキンダーとハウスホーファーが１８６０年代生まれだったので、一世代下にあたる。この事実が大きい意味を持っているのは、スパイクマンもシュミットも、学者としての自分自身の理論的立ち位置を確立する前の年齢の時に、第一次世界大戦が勃発したため、19世紀ヨーロッパの秩序が崩壊していくのを目撃したうえで、理論構築しているからだ。

シュミットを地政学の理論家として扱うのは、一般的ではないかもしれない。しかしそれはシュミットにおいて地政学に関わる議論が欠落していたからではなく、法学や政治思想の分野で、早くから巨大な足跡を残していたからだ。『政治的ロマン主義』（１９１９年）、『独裁：近代主権論の起源からプロレタリア階級闘争まで』（１９２１年）、『政治神学』（１９２２年）、『現代議会主義の精神史的地位』（１９２３年）などの一連の著作は、第一次世界大戦での敗戦とドイツ帝国の崩壊のショックに打ちひしがれたドイツにおける特殊な政治空間を反映した政治文化論として、際立った影響力を放った。

そして『大統領の独裁』（1924年）、『政治的なものの概念』（1927年）、『憲法論』（1928年）、『合法性と正当性』（1932年）などのナチス台頭の時期までの一連の著作群もまた、ワイマール憲法体制に不満を抱え、現状変革を渇望した当時の多くのドイツ人の心情と切り離しては理解することができないものだろう。

シュミットは、独裁を正当化する議論においてナチスを擁護する役割を果たし、実際にナチスの法律顧問にもなった。ただし戦争が勃発した後に、ナチスからは距離を置くようになったのは、ハウスホーファーの場合と酷似している。

シュミットは、1938年の『リヴァイアサン』で、陸の国際法と、海の国際法という対比を論じてから、地政学の理論に近接した内容を持つ議論を次々と提示していくようになる。

1940年の『現代帝国主義論：戦争と平和の批判的考察』、1942年の『陸と海と：世界史的一考察』は、明らかに第二次世界大戦時の国際情勢に触発されたものだ。戦後の1950年に公刊された『大地のノモス：ヨーロッパ公法という国際法における』は、ナチスが崩壊し、ドイツが分断された現実を見てなお、シュミットがヨーロッパ大陸特有の地域秩序を形成した国際公法秩序に強い思い入れを持っていたことを示す著作である。「陸と海」という地政学理論の一大テーゼを主眼にした議論を展開しながら、シュミット自身は、明らかに「陸」に感情移入していた。その意味で、シュミットは、ドイツ思想の伝統の中で、独自の地政学理論を編み出した人物であったと言ってよい。

ヒトラーの「生存圏」思想と共鳴するシュミットの「広域圏（Großraum）」の概念は、ドイツ思想の伝統を形成する有機的な国家存在の理解と、結びついていた。

シュミットによれば、「大地のノモス」たる歴史的な意味での「ヨーロッパ公法」の国際秩序が、国家有機体説を特徴とする大陸の法政治思想である。

これに対して、イギリス、そしてアメリカが代表するシー・パワー群が支配する「自由な海」の国際秩序は、「ヨーロッパ公法」の秩序に対して、外部的な性格を持つ。ヨーロッパ公法の秩序が広域圏につながる大陸国家群の地域的な国際秩序であり、自由な海の秩序は、海洋国家群が主導する普遍主義的な国際秩序につらなる。

シュミットにおける「陸」の秩序観は、たとえば欧州という広域圏の存在を説明する視点である。それに対して「海」の秩序観は、間地域的なネットワーク型の秩序観の存在を説明するための視点となる。

『大地のノモス』においてシュミットは、19世紀に頂点に達したヨーロッパ公法の時代の国際秩序を、人格を持った政治共同体間の水平的な国際法秩序として描き出す。大陸系地政学の特徴の一つである有機体的国家を彷彿させながら、「主権的な人格」を持つ権力構成体としての国家を、シュミットは「大いなる人間たち（große Menschen）」と呼ぶ。「同等のものは、同等のものに裁判権を持たず」という論理構成に依拠した、「彼らのおのおのは、戦争についての平等の権利を、平等の・戦争を行なう権利（jus ad bellum）をもつ」秩序観を作り出した。言うまでもなく、これは、いわゆる「無差別戦争観」として知られている公法秩序のことである。

アメリカの主導で戦争が違法化された20世紀の「国際法の構造転換」は、この「無差別戦争観」のヨーロッパ公法秩序を廃止した。シュミットは、この同時代の流れに抗した。

シュミットが20世紀国際法の普遍主義を批判するのは、それが「場所確定」を破壊する「場所喪失」をもたらすからだ。シュミットは、普遍化しえない具体的な場所の秩序として、例外主義的な決断主義によって成り立つ国家秩序を擁護した。そして主権者が行う戦争に、法的地位の違いを見出さない「無差別戦争観」を擁護した。それは、シュミットの決断主義を裏書きする考え方、つまり「あらゆる主権的な国家人格は、自己のために、正当原因について決断する」という考え方によって成立する秩序観でもあった。

このシュミットのヨーロッパ公法の説明によって描写される秩序こそが、シュミットが

ヨーロッパ公法のグローバルな図式

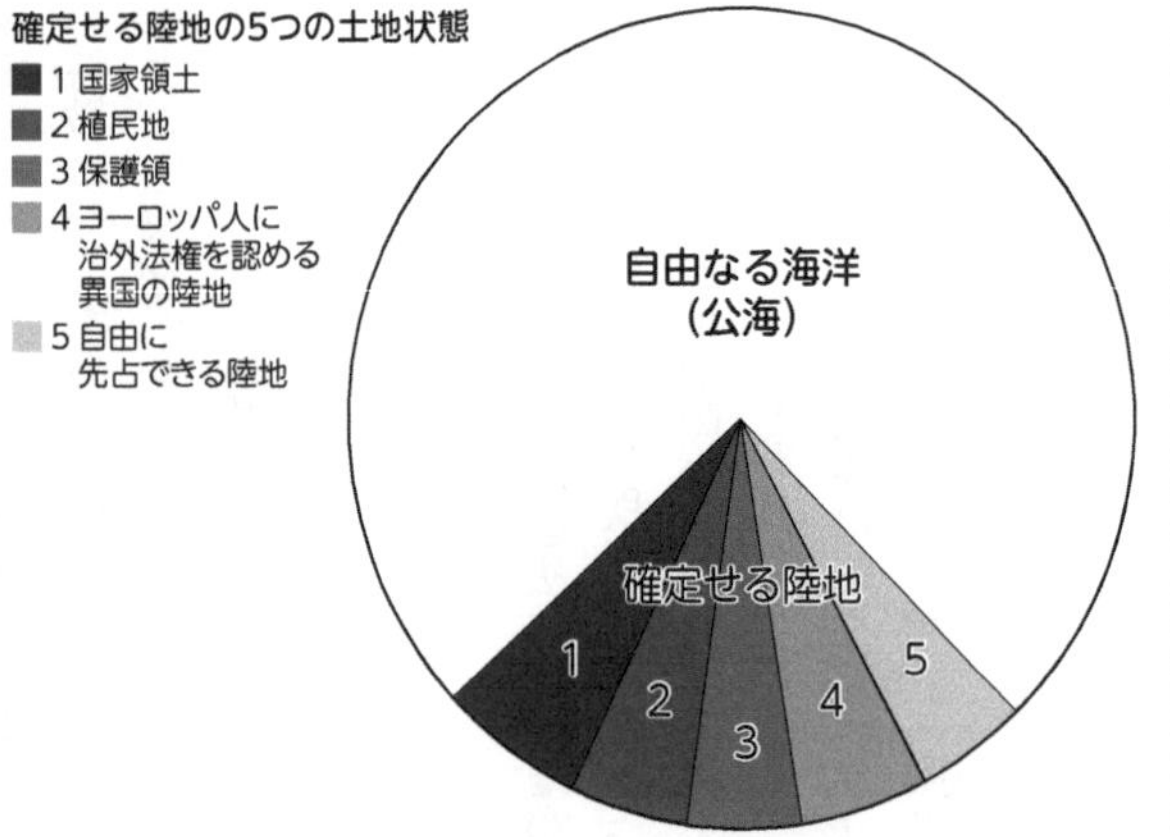

出典:『大地のノモス』より

「広域圏」という概念で説明しようとしたものであった。

シュミットによれば、このような無差別戦争観を内包したヨーロッパ公法の秩序が維持されたのは、ヨーロッパ域外に広大な空間が発見されたからであった。大航海時代が引き起こした空間革命は、ヨーロッパの決断をする「道徳的人格」である諸国家の戦争関係を、ヨーロッパ域外の土地の占有を目指す競争という形で、域外化する仕組みを作り出した。そのためヨーロッパ域外で戦争行為をともなった植民地獲得競争が発生するとしても、ヨーロッパ域内では一定の秩序が維持され、全面的な戦争状態には陥らない仕組みとなっているのであった。「確定せる陸地と自由なる海洋とを分離する」「ラウム秩序」が、19世紀までのヨーロッパ公法の特徴であった。

この植民地主義の拡張に依拠した秩序維持機能は、19世紀末に飽和状態に達する。先取によるヨーロッパ公法の適用範囲の地理的拡大の巨大な運動が終わりを告げ、分割分配の調整の時代となる。しかし会議による秩序維持機能の発揮は十分ではなく、第一次世界大戦の悲劇を迎えることになる。それ以降、ヨーロッパ公法は斜陽の時代を迎え、やがて歴史の遺物となってしまう。20世紀国際法秩序の成立に大きな役割を果たしたのが、ヨーロッパ域外にモンロー・ドクトリンに基づく秩序空間を作り上げていたアメリカ合衆国であった。その背景には、陸と海との間の確執がある。

もともと19世紀においても、イギリスが、海洋の自由と世界貿易の自由を掲げ、共同の経済法を推進していた。シュミットによれば、イギリス的な国際法思想は、世界の大海の「具体的空間ではない海」に基づいている。それは陸に根差したヨーロッパ大陸諸国が作り出す具体的秩序とは相容れない。ヨーロッパ固有の具体的秩序構想としての広域圏の理論は、普遍主義的な海洋勢力としてのイギリスに対する闘争であった。

このとき、シュミットによるアメリカの位置づけは両義的である。19世紀にはまだイギリスとアメリカは結びついていなかった。アメリカはむしろモンロー・ドクトリンの広域圏を確立していた。ヨーロッパ公法の地域秩序と、モンロー・ドクトリンの地域秩序とは、異なる原理を持つ異なる広域圏であった。しかし双方がともに広域圏であった。つまり、より一般的な用語で言い換えれば勢力圏、あるいは大陸系地政学の用語で言う生存圏であった。アメリカが第二次世界大戦に参戦したとき、つまり西半球世界の広域圏の盟主がヨーロッパとアジアに介入してきたとき、ヒトラーとともに、シュミットもまた、アメリカに裏切られた、と感じたのであった。

それはつまり、学説史的に言えば、ハウスホーファー理論にしたがってアメリカを理解していたドイツ人たちが、マッキンダー／スパイクマン理論にしたがって普遍主義を標榜するアメリカを見て、衝撃を受けた、ということであった。

実際のところ、「日本の『アジア・モンロー主義』」と題された１９３９年の論考において、シュミットは、「自由民主主義的諸原則を圏域も境界も無視して全地球・全人類に拡大しようとするもの」として、モンロー・ドクトリンを世界原則としようとしたウィルソンを激しく糾弾した。第一次世界大戦時のウィルソンや、第二次世界大戦時のフランクリン・ローズベルトは、「モンロー原則を英米資本の世界市場支配の道具として用いようとした」と、ほとんど陰謀論に近い主張をしていたのが、シュミットであった。

シュミットにとっては、19世紀のモンロー・ドクトリンの西半球世界は、広域圏の純粋モデルでさえあった。シュミットにとっては、日本が東アジアに作り出そうとしていた大東亜共栄圏の秩序も、「日本・モンロー主義」であった。ドイツでは、シュミットの広域圏思想を、モンロー・ドクトリンのドイツ版と解釈する風潮があった。ヒトラーは、演説で「ドイツ・モンロー主義」を明言した。

そのモンロー・ドクトリンの広域圏の盟主であるアメリカが第一次世界大戦に参戦し、戦後のヨーロッパの国際秩序回復に大きな影響力を行使したことにより、19世紀ヨーロッパ公法の時代は終わり始めた。ただし、アメリカはまだ海の国際秩序の側に完全に加担したわけではなかった。シュミットによれば、アメリカがイギリスとの同盟関係を構築して、海洋国家連合の盟主として立ち現れてくるのは、第二次世界大戦のときのことである。シュミットにとって、アメリカの参戦は決定的な事件であった。

アメリカがイギリスの側に立った、ということは、イギリスのように海洋貿易を重視するシー・パワーとして生きる道を選び始めたということであり、領域性が希薄なネットワーク型の帝国を築き始めたということである。広域圏思想を拒絶し、自由な海の普遍主義を標榜するようになった、ということである。

これはシュミットが愛着を持ったヨーロッパ公法の広域圏が時代遅れになり、アメリカが主導する普遍主義の国際秩序に圧倒されるようになった、ということを意味していた。

シュミットは、１９４５年の論考『攻撃戦争論』で、国際連盟や不戦条約による「攻撃戦争」の違法化という20世紀後半以降に世界的に確立されることになる見解を、真っ向から否定し、ヨーロッパ公法の無差別戦争観の有効性を論じていた。

だがすでに述べたように、実はもともとモンロー・ドクトリンは、ヨーロッパに対しては孤立主義的であっても、「明白な運命」論にしたがった独特の介入主義の性格も持っていた。

本書が大陸系地政学と呼ぶハウスホーファー理論の伝統にしたがえば、モンロー・ドクトリンは、「生存圏」であり「勢力圏」である。ところが本書が英米系地政学と呼ぶマッキンダー理論の伝統にしたがえば、モンロー・ドクトリンは最初からシー・パワーのネットワークであり、普遍主義を志向するものであった。

モンロー・ドクトリンを西半球世界から解き放ち、ヨーロッパにも適用しようとしたウッドロー・ウィルソンの試みに、多くのアメリカ人が賛同を与えるのには、苦悩の時間が必要だった。しかし結局のところ、それはモンロー・ドクトリンの地理的適用範囲の問題であった。「明白な運命」論としてのモンロー・ドクトリンの性格に着目し、それを西半球世界の地理的範囲をこえて適用していくならば、容易に〝島国〟アメリカが形成する海洋国家連合が、グローバル化普遍主義運動の推進者になる世界観とつながっていくのであった。

第2部　地政学から見た戦争の歴史

第1部において、地政学の理論的枠組みを整理した。

第2部では、その二つの異なる地政学の理論の視点を用いて、戦争の歴史を概観してみることを試みる。といっても、有史以来の世界の全ての地域における戦争の歴史を渉猟することはできない。

そこで、近代のヨーロッパの国際政治と、20世紀の冷戦時代の国際政治、そして2022年ロシア・ウクライナ戦争へと連なる冷戦終焉後の時代の国際政治に着目してみる。このような試みで本書が示そうとするのは、現実の国際政治に沿った形で、地政学の視点が何を説明するのか、ということである。それはつまり、二つの異なる地政学が、どのように異なる説明を施してきたのか、と問うことでもある。

第4章　ヨーロッパにおける戦争の歴史

第4章では、17世紀から20世紀初頭までの時代のヨーロッパで発生した戦争について扱っていく。この時代のヨーロッパにおいてだけであっても、相当数の戦争が起こっているので、それらの全てをここで扱うことはできない。主要なものだけで、三十年戦争、ネーデルラント継承戦争、スペイン継承戦争、度重なるロシアのオスマン帝国やペルシャやスウェーデンなどとの戦争、フランス革命戦争／ナポレオン戦争、イタリア独立戦争、普仏戦争、バルカン半島における数々の戦争など、ほんの例示的にあげることができるだけだ。

ただしそれでも、古典的な地政学の理論が分析したヨーロッパの戦争の構造が、いったいどのようなものであったかを知ることは、その他の地域の他の時代の戦争の構造を分析する際にも、有益なものであるはずだ。そのような問題意識で、古典的な地政学の視点を、現実政治に適用する方法を示していく。

異なるヨーロッパ国際社会の理解

近代国際法体系は、1648年のウェストファリアの講和から定まってきた、と言われる。ただしそこで意味されている内容は、しばしば大きく異なっている。

ハンス・モーゲンソーに代表される国際政治学で現実主義と呼ばれる立場をとると、国際政治とは、国家間の権力政治の闘争のことであり、それは人類の歴史が始まってから変化することのない法則のようなものである。この現実主義の立場からすると、ウェストファリアの講和は、ヨーロッパに主権国家の体系を確立したものであり、近代の主権国家間の力の闘争の時代の幕開けとなった事件だということになる。

これに対して、ヘドリー・ブルが代表する歴史制度論の要素が強い英国学派の視点に立ってみると、全く異なる歴史観が立ち現れてくる。英国学派にとって、ウェストファリアの講和は、諸国家間に世俗的な共通の規則と制度が共有されるようになった時代の契機である。ブルの用語を使えば、15世紀から17世紀にかけては、主権国家間の規則・制度が未発達である代わりに、キリスト教文明圏の紐帯《ちゅうたい》がかなり残存する「キリスト教国際社会」と呼べるものが存在していた。それに対して、17世紀から19世紀にかけて、バランス・オブ・パワー、外交、国際法、戦争、大国などが、秩序維持のための共通の制度として諸国に共有される「ヨーロッパ国際社会」の秩序空間が生まれた。

客観的な史実から見ると、ブルの英国学派の歴史観のほうが、実態に即している。ウェストファリアの講和は、ローマ教皇と神聖ローマ帝国の権威によって成り立っていた秩序が、宗教改革後の争乱によって溶解し、遂に三十年戦争によって過去の遺物となっていく過程で編み出された。ただし国際政治学において決定的な影響力を誇ったのは、モーゲンソーのほうであった。歴史のどこかの開始点で、絶対主権を振りかざす主権国家の体系が始まったはずだ、という物語は、非常にわかりやすいものであった。

本書の観点から興味深いのは、ドイツからの亡命ユダヤ人であったモーゲンソーが、非常に教条主義的な国家主権の理論の信奉者だったことである。

モーゲンソーは、いわばシュミットのように、主権国家の独立性と至高性を信じていた。そのモーゲンソーが、執拗にアメリカの政治文化に根強く浸透している立憲主義的な思想を攻撃したことは、偶然ではないだろう。モーゲンソーにとって、国際政治とは、絶対権力を持つ主権国家が併存している空間のことであった。

モーゲンソーは、感情的には忌み嫌っていたヒトラーやシュミットが語った「生存圏」や「広域圏」などの概念を用いることはなかった。ただし、それにもかかわらず、国際政治は、帝国主義的な国家と、現状維持的な国家の確執によって形成されるという世界観は持っていた。帝国主義的な国家の影響力が及ぶ範囲において、ある種の勢力圏が生まれるであろうことは、モーゲンソーにとっては自明であった。少なくとも、モーゲンソーにおいては、英米系地政学の特徴であるランド・パワーとシー・パワーの二元論的な世界観の要素は、希薄である。モーゲンソーによれば、国家はすべて自己利益のみを追求して力を行使していくので、国際政治は無秩序空間としてしか現れようがないのであった。

これに対して、ブルの議論にしたがうと、ウェストファリアの講和では、三十年戦争の再発を防ぐようなバランス・オブ・パワーの制度が形作られた。有力な大国の間の力関係が均衡状態に置かれ、特定の国家が圧倒的な優勢を求めて冒険的な行動をとりにくい仕組みが働くようになった。

ブルの国際社会の制度論に、マッキンダーのようなシー・パワーとランド・パワーを区別する視点はない。ただし結果としては、ヨーロッパ大陸に特定の覇権国が生まれないように「バランサー」として働きかける島国国家イギリスの特別な役割もあり、英国学派の視点では、大陸の覇権国の膨張を抑え込むために、海洋の島国が牽制をする仕組みが制度化されている。

大陸系地政学から見たヨーロッパ国際社会

大陸系地政学の理論から見ると、ヨーロッパは単一の勢力圏を形成するのが、自然な姿である。全盛期の神聖ローマ帝国を原初的なイメージとして、広域圏の考え方を適用してみるならば、最も有力な大国が、ヨーロッパ全域に及ぶ勢力を確立して、広域圏を打ち立てていくことも想定されるだろう。ただしそれまでは、有機的な実体を持った諸国が、併存して衝突し合う空間が想定される。

大陸系地政学は、地理的条件も利用して存在感を持ついくつかの近代国民国家の樹立を進めた有力国が競い合う空間として、ヨーロッパを特徴づけた。ただしその競争社会の中から、単一の覇権国が現れて、ヨーロッパ全体を影響下に置いてしまう可能性は常に存在した。

三十年戦争は、ヨーロッパの中央に位置する大国フランスが、スウェーデンなどのプロテスタント国の挑戦を受ける構図で長期化した。覇権国としてヨーロッパ全体を従わせることができる地位に一番近かったのが、フランスであった。なんといってもヨーロッパの中央部で広大な平地の領地を持ち、絶対王政の確立にも成功して、軍事力の展開も他を圧倒する規模で行うことができた。

ただしフランスの野心的な行動は、常に周辺国の警戒心を喚起した。そのためフランスの王室と、スペインの王室を合体させるという野心的な試みが追求された際には、フランスの覇権国としての地位の確立を恐れるイギリスやオランダなどの諸国の予防的な行動を促された。スペイン継承戦争である。

１７８９年の大革命後のフランスも、他の諸国にとっては、新しい理念も取り入れたうえで、あらためてヨーロッパの覇権を狙う試みに見えた。そもそもナショナリズムの思想の国境を越えた広がりは、他のヨーロッパの諸国の統治者にとっては、大きな脅威であった。

農業基盤が強固な領地を持つフランスとは対照的に、厳しい気候の地にあるプロイセンは工業化に成功して国力を充実させた。神聖ローマ帝国が事実上崩壊した後、ドイツは中心を失った領域となっていた。17世紀のウェストファリアの講和は、ドイツが数百の弱小領主に分断される仕組みの固定化であった。

ウェストファリアの講和の時代の神聖ローマ帝国領内の政治地図

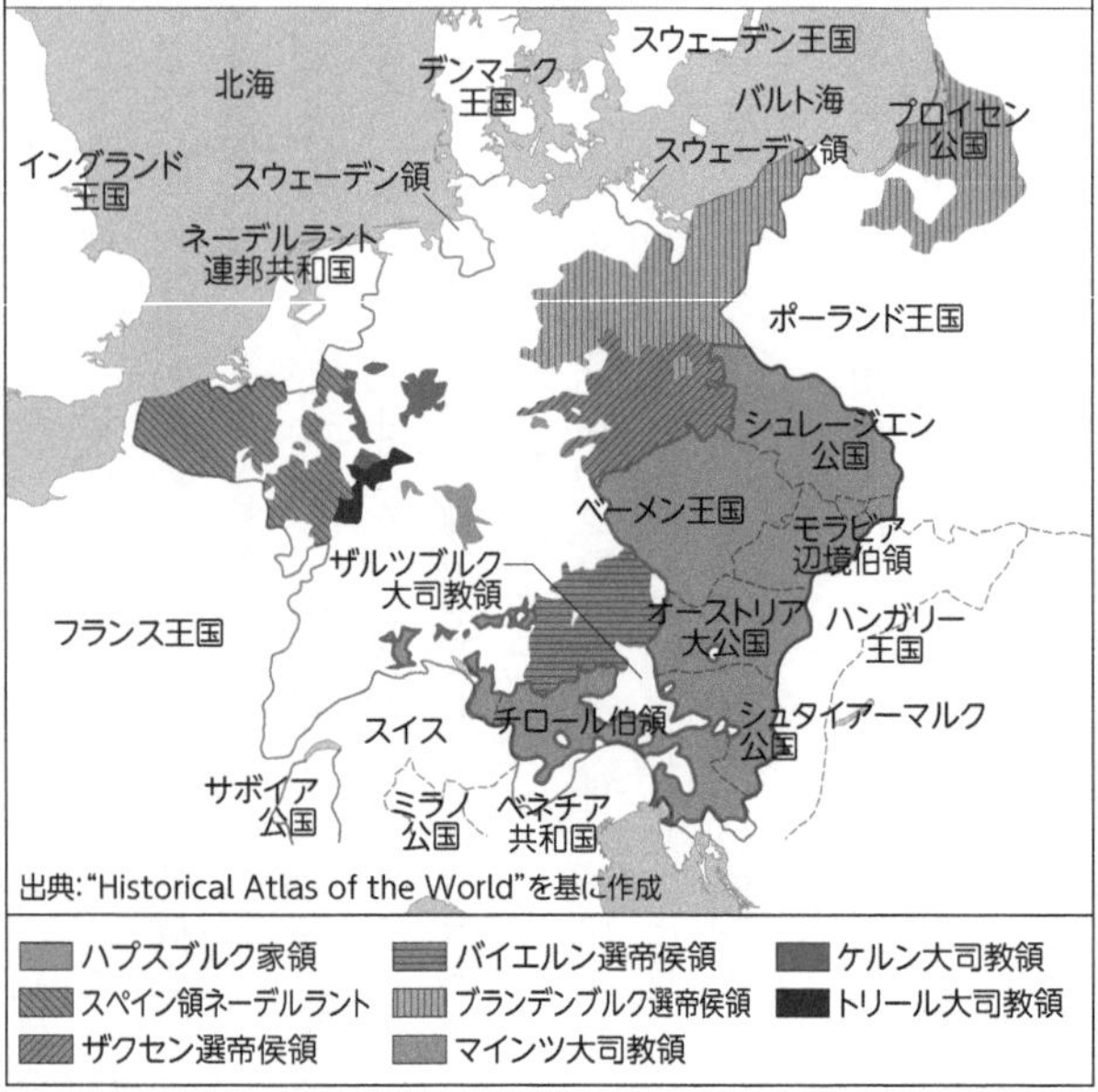

出典:“Historical Atlas of the World”を基に作成

　しかし東欧のプロイセンの軍事強国としての台頭によって、様相は変わった。プロイセンが主要国との戦争で勝利を収めると、プロイセン中心のドイツ帝国が成立した。1871年のドイツ帝国の樹立は、ヨーロッパの国際政治構造を塗り替える大事件であった。最大の人口を持つ軍事強国が、ヨーロッパ中央部に登場して、ヨーロッパ全体が一つのドイツの「勢力圏」になる可能性も想定されるようになった。

　フランスと共に、ドイツを

ウェストファリアの講和の時代のヨーロッパの政治地図

出典："Atelier de cartographie"を基に作成

牽制する立場にあったのが、広大なヨーロッパ平原の東欧をはさんで対峙するロシアであった。東欧は、多数の民族が存在しているが、軍事展開を阻む自然の障壁がないため、帝国の支配を受けやすい。東欧は、20世紀になるまでに、ドイツ帝国とロシア帝国の間で分割されてしまった。

　アジアに領地を広げて国力を充実させたロシアは、黒海の帰趨をめぐっては、オスマン帝国と対峙した。多数の少数民族が、山岳地帯に存在しているバルカン半島を中心とする南欧は、オーストリア・ハンガリー帝国の力の低下とともに、単一の帝国の完全な勢力圏には属さない草刈り場となり、「ヨ

第一次世界大戦前夜のヨーロッパの政治地図

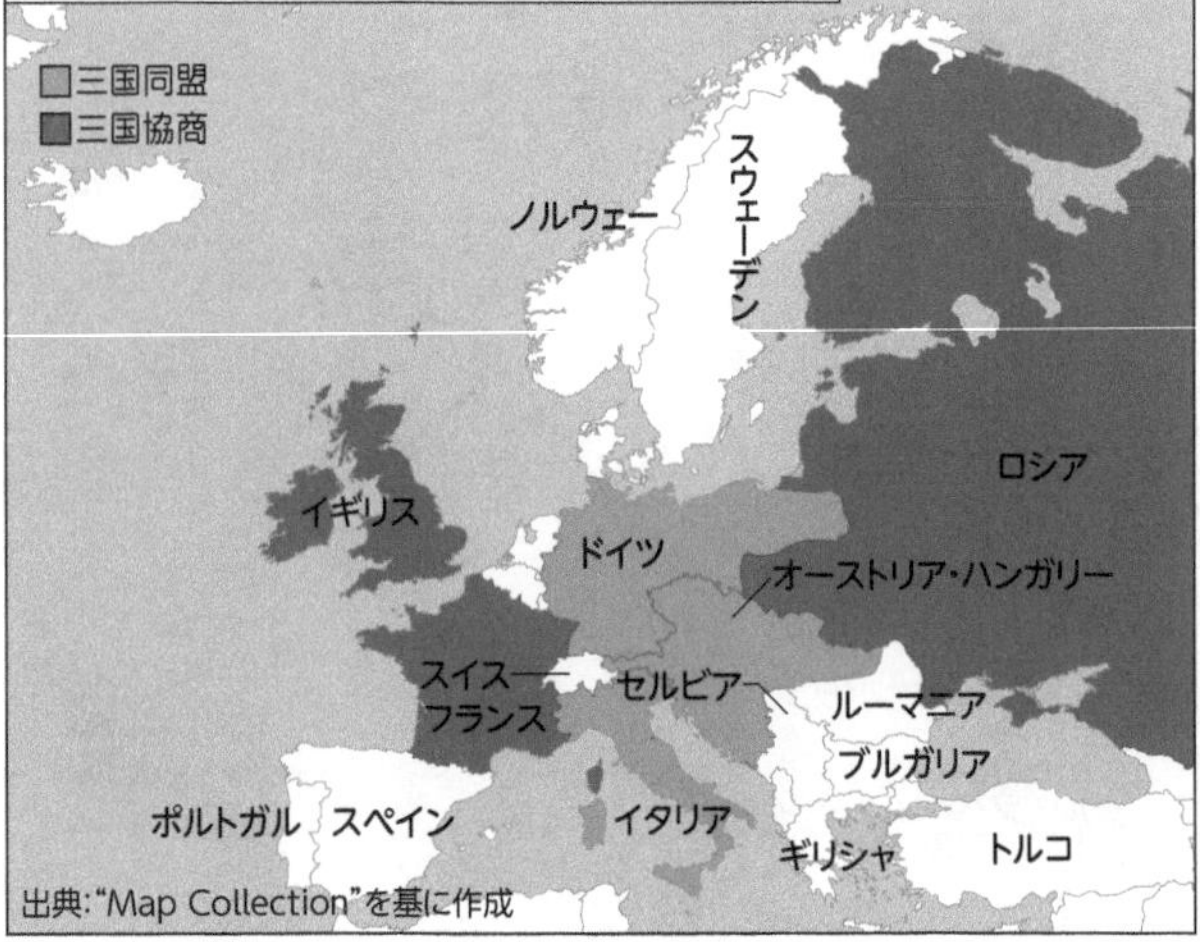

出典："Map Collection"を基に作成

ーロッパの火薬庫」となっていき、第一次世界大戦の発火点となった。

17世紀のウェストファリアの講和に参加した360ほどの条約締結主体の多くは、民族的基盤を持たない封建領主であり、都市国家ですらあった。それらの弱小政治単位はヨーロッパの大国政治の展開の中で淘汰され、20世紀初頭までに独立した政治体としてはほとんどが消滅した。

19世紀に興隆した社会進化論は、一般にはヨーロッパ域外の地域のヨーロッパ帝国による植民地化を正当化する論理として理解される。だが、実は先行してヨーロッパ内において政治共同体の自然淘汰は進行していた。

有機的実体を持つとされる諸民族が共存しながら、適者生存を繰り返す国際政治のイメージは、大陸系地政学の世界観にそったものだ。もしその生存競争の中から、覇権的な地位を獲得する強国が出現するとすれば、それがヨーロッパ全体を自国の勢力圏とする覇権国だ。その地位に最も近いのは、ヨーロッパの中央で最大の人口を持つドイツ帝国であろう。地政学の隆盛の中核に、勢力圏の思想に没入する多くのドイツ人たちがいたことは、現実政治の裏付けがあればこそであった。

ただしもちろん、ヨーロッパ最大の大国となったドイツにとっても、ヨーロッパ全体を自らの勢力圏とするのは、簡単ではなかった。ドイツを二度の世界大戦で打ち砕いたのは、いずれも英米を中心とするヨーロッパ大陸域外の諸国であった。

英米系地政学から見たヨーロッパ国際社会

ブルが代表する英国学派の視点では、伝統的なヨーロッパ大陸の大国間の政治は、単なる適者生存の競争ではなかった。むしろバランス・オブ・パワーという秩序維持の制度が働く一つの社会と言うべきものであった。

大陸の外から、特定の国が覇権国となってヨーロッパ全体を自らの勢力圏にすることを防ぐのは、イギリスの役割であった。その観点から、イギリスは神聖ローマ帝国が崩壊していく三十年戦争には関与せず、フランスの王室が覇権の確立を狙ってスペインの王室と結ぼうとした際には戦争を仕掛けてそれを防ぎ、ナポレオンが破竹の勢いで大帝国を築いた時には対抗勢力を集めて大包囲網を築いた。ロシアが南下政策を進めてオスマン帝国を圧倒するのであれば、クリミア戦争を戦ってロシアを牽制し、アフガニスタンからも追い払って英領インドを守り抜いた。ドイツが統一を果たした後には、いわゆる「ドイツ問題」を議論し続け、第一次世界大戦を反ドイツ連合の対抗勢力で戦い抜いた。バランス・オブ・パワーは大国間政治の結果として偶発的に生まれるものではなく、秩序維持のための人為的な努力を通じて制度的に維持されるものであった。

ブルの師にあたる国際政治学者マーチン・ワイトの言葉を用いれば、「バランス・オブ・パワーは、18世紀を通じて、ある意味で国際社会の不文憲法であるかのように、一般的に語られていた」。覇権国台頭を防ぐことに国益を見出していたイギリスでは、国内憲法における権力分立と勢力均衡の原理を、ヨーロッパにおけるバランス・オブ・パワーと重ね合わせる風潮があった。マッキンダー理論の誕生を待つまでもなく、シー・パワーの雄としてのイギリスは、数百年にわたって、大陸におけるランド・パワーの覇権を封じ込め続けていたのである。

後にマッキンダーが理論的に整理したように、ヨーロッパは、ユーラシア大陸から突き出た一つの巨大な半島であり、つまり橋頭堡である。朝鮮半島、インドシナ半島、インド半島、アラビア半島と比しても、広大な面積を持つユーラシア大陸最大の半島、橋頭堡であると言ってよい。

この橋頭堡を、一つの覇権的なランド・パワーが自らの勢力圏としてしまうのであれば、それによってユーラシア大陸全体の帰趨も大きく左右される。シー・パワーの海洋戦略もまた、大きく左右されざるをえない。ヨーロッパ「半島」に覇権国の勢力圏を作らせないことが、シー・パワーの至上命題である。イギリスのように、ヨーロッパの端に位置する島国であれば、それは全く絶対的な至上命題である。

フランスやドイツは、ヨーロッパの中央に位置しており、ヨーロッパの覇権国となるのに最も有利な地理的条件を持っている。ただしその勢力は、険しいアルプス山脈に阻まれて、容易には南に伸びていかない。西欧諸国の勢力は、平野部を辿って東に伸びていく。そして半島の付け根の部分の帰趨をめぐって、北方の勢力と激突する。

17世紀まではスウェーデンが、北方の勢力の代表であった。18世紀以降は、ロシアが勢力を拡大し、ヨーロッパの北方に位置する大国として君臨するようになった。しかし、逆に、あまりにロシアの勢力が拡大しすぎて西欧諸国まで圧倒するようになってしまえば、ヨーロッパ「半島」の全域がロシアの勢力圏となる。イギリスは、二つのシナリオを双方

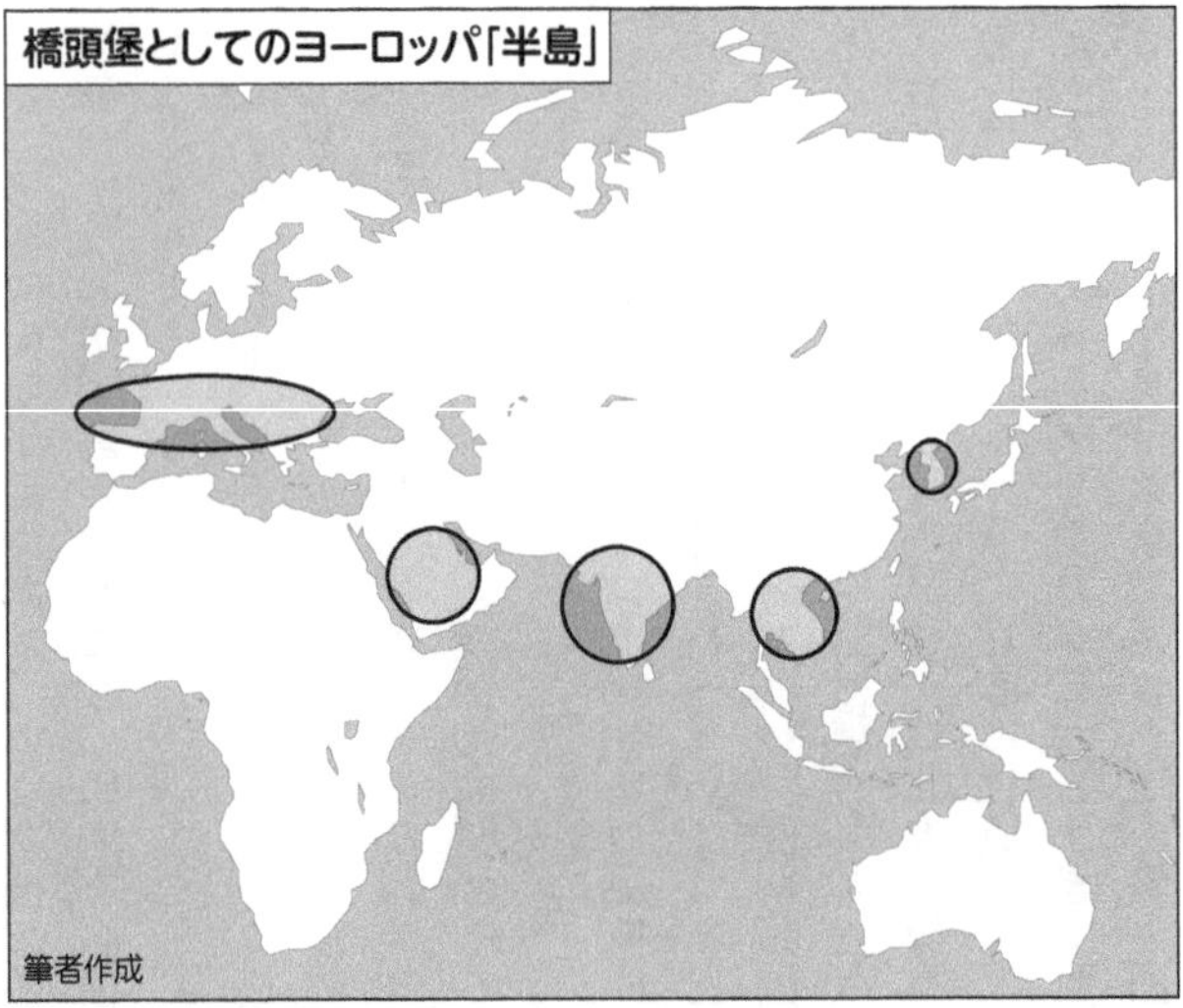

とも防ぐように計算し、自らの力を有効に活用する方法を見出して、行動していかなければならなかった。

マッキンダー地政学理論で、シー・パワーとランド・パワーの対峙として総括される世界的な二つの勢力の対立関係は、伝統的なヨーロッパの複雑なバランス・オブ・パワーの関係図を単純化したものである。

イギリスは、ロシアとフランス／ドイツの力の均衡を崩さないように配慮し、特定のランド・パワーが強くなりすぎて覇権国とならないように計算して、バランサーとして行動する。なおその際に大陸に食い込んだ事実上の海洋国家であるオランダなどは、バランサーとしてのイ

ヨーロッパの山脈

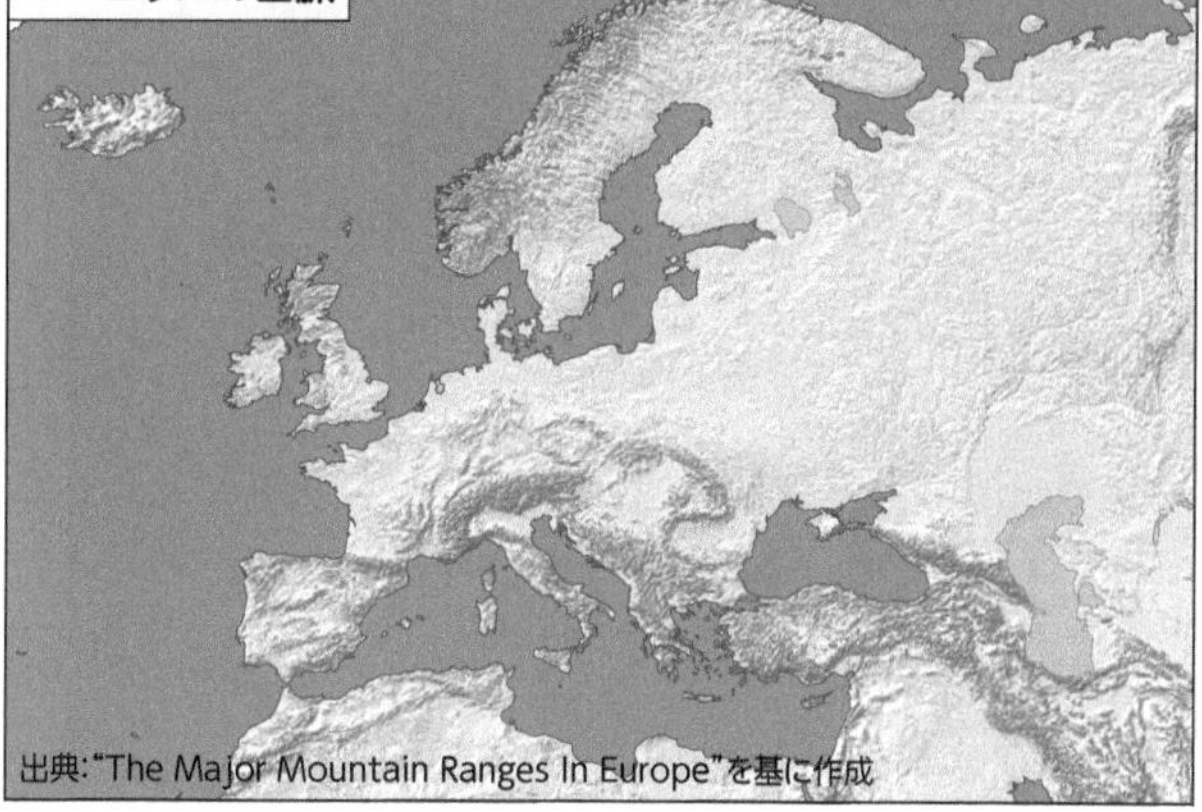

出典:"The Major Mountain Ranges In Europe"を基に作成

ギリスが最も重視する大陸に打ち込んだクサビとなる。

ヨーロッパの西には大西洋があり、北には北海、南には地中海があり、東に黒海がある。ヨーロッパの地形では、これらの海を相互に結ぶ大河はない。いずれもが高地からいずれかの海に向かって流れているだけだ。河川は、「半島」を分断するかのようになっているので、ある特定国が「半島」全域を勢力圏にしてしまおうとするときには、大きな足かせとなる。これはシー・パワーであるイギリスには有利な事実である。

大陸のいずれのランド・パワーも海の間を自由に行き来する海軍力を展開させることはできない。大陸のランド・パワーが、ヨーロッパ周辺の海からイギリス海軍を追い払うことができ

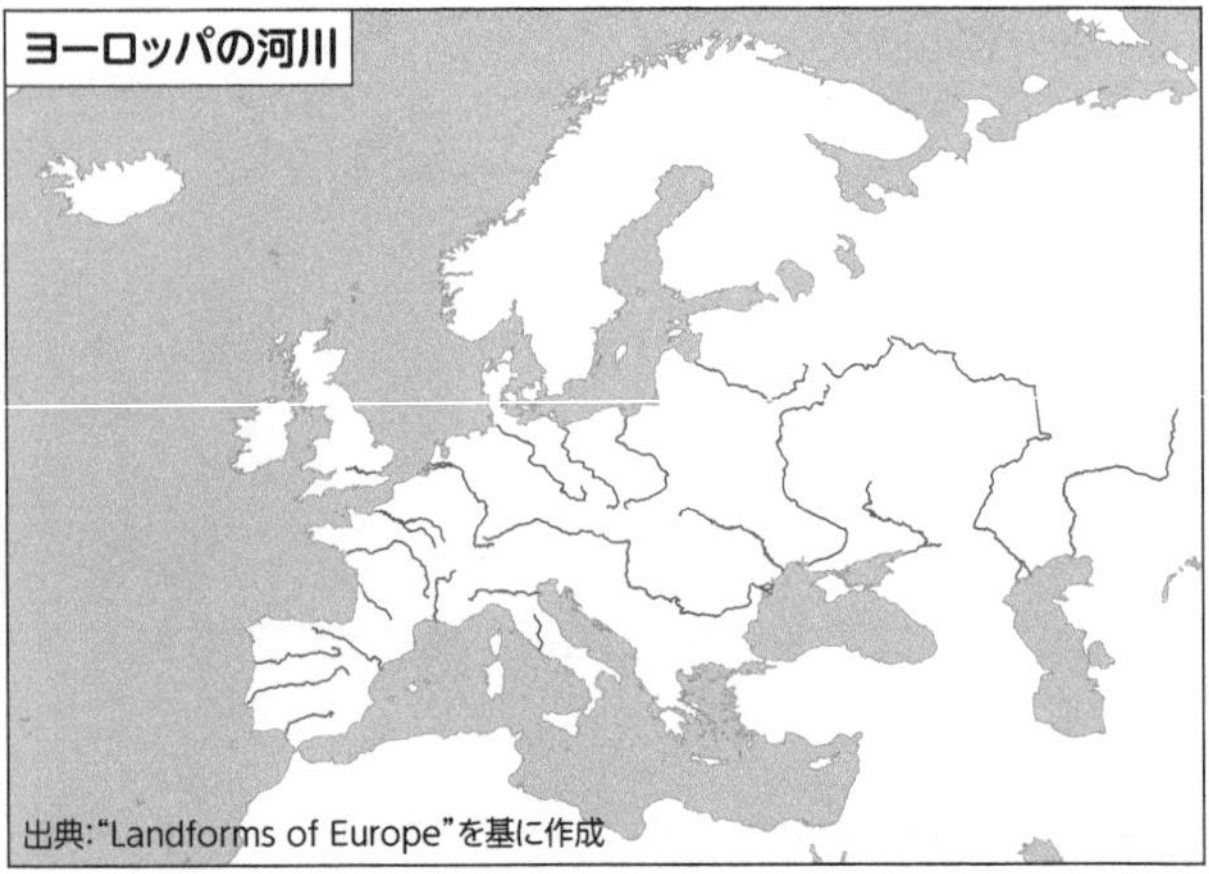

ヨーロッパの河川

出典:“Landforms of Europe”を基に作成

るのは、ヨーロッパ「半島」全域を単一の勢力圏としてしまうときだけだろう。イギリスは、それさえ防いでおけば、常に潜在的覇権国を包囲するアクセス点を見つけ出しやすい地理的環境を維持しておくことができる。

17世紀に海洋覇権を争ってオランダとの戦争を繰り返したイギリスは、18世紀初頭のスペイン継承戦争にもオランダとプロイセンとの同盟を基軸にして勝利し、海の覇者となった。それからはヨーロッパ域外の大英帝国の拡大と海洋貿易に専心し、ヨーロッパ大陸の大国間政治には深く関わろうとはしなかった。他方、覇権国の台頭を防ぐために、フランス、ロシア、ドイツと戦う際には、世界に広がる帝国の権益を守りながら戦った。

したがって18世紀初頭のアン女王戦争以降、

イギリスが関わるようなヨーロッパの大国間戦争は、地理的には世界的な規模で広がった。イギリスとフランスは、北米大陸の植民地で争った。19世紀のナポレオン戦争の時代には、北アフリカも戦場となった。イギリスとロシアは、黒海のクリミアで、アフガニスタンの山岳地帯で、衝突した。第一次世界大戦の際には、日本の参戦もあり、戦火が東南アジアや太平洋の植民地まで広がった。

シー・パワーであるイギリスと、ランド・パワーであるロシアやドイツが戦う際には、その戦闘は、ヨーロッパと、その他のユーラシア大陸の外縁部分、つまりリムランドで繰り広げられたのであった。19世紀のイギリスとロシアとの間の確執が、グレート・ゲームと呼ばれた所以である。

20世紀に至るまでの古典的なヨーロッパ大国間政治を見るだけで、大陸系地政学と英米系地政学が、単なる理念的な世界観の対立であるだけではなく、現実の大国間政治の中における対立を反映していたことがわかる。一方はヨーロッパを一つの圏域とみなし、もう一方はバランス・オブ・パワーの社会とみなす。20世紀になるとこの対立は本格的に、世界的規模で広がっていった。

第5章　地政学から見た20世紀の冷戦

20世紀の国際秩序は、アメリカが唱導した諸原則によって構築された。20世紀の冷戦体制は、アメリカが主導した安全保障政策によって形成された。それは20世紀初頭までの期間にヨーロッパ諸国が慣れ親しんだ国際秩序とは、大きく異なるものであった。本章では、その20世紀の国際秩序が、二つの異なる地政学の視点によって、全く異なる描写方法で、分析されることを指摘する。

拡大するモンロー・ドクトリン

20世紀は、アメリカの世紀だったと言われる。アメリカが世界の超大国として君臨するようになったのが、20世紀だったからだ。ただ、それは単に、アメリカが世界で一番強い国になった、ということだけを意味するのではない。

アメリカは、19世紀国際政治を彩ったヨーロッパの帝国とは異なっていた。ヨーロッパを嫌って新大陸に逃れた人々が、建国以来、合衆国憲法体制において、そして西半球のモンロー・ドクトリンの体制において、ヨーロッパが経験したことがない国制と地域秩序を

第一次世界大戦後の民族自決原則の導入によって独立国となった諸国

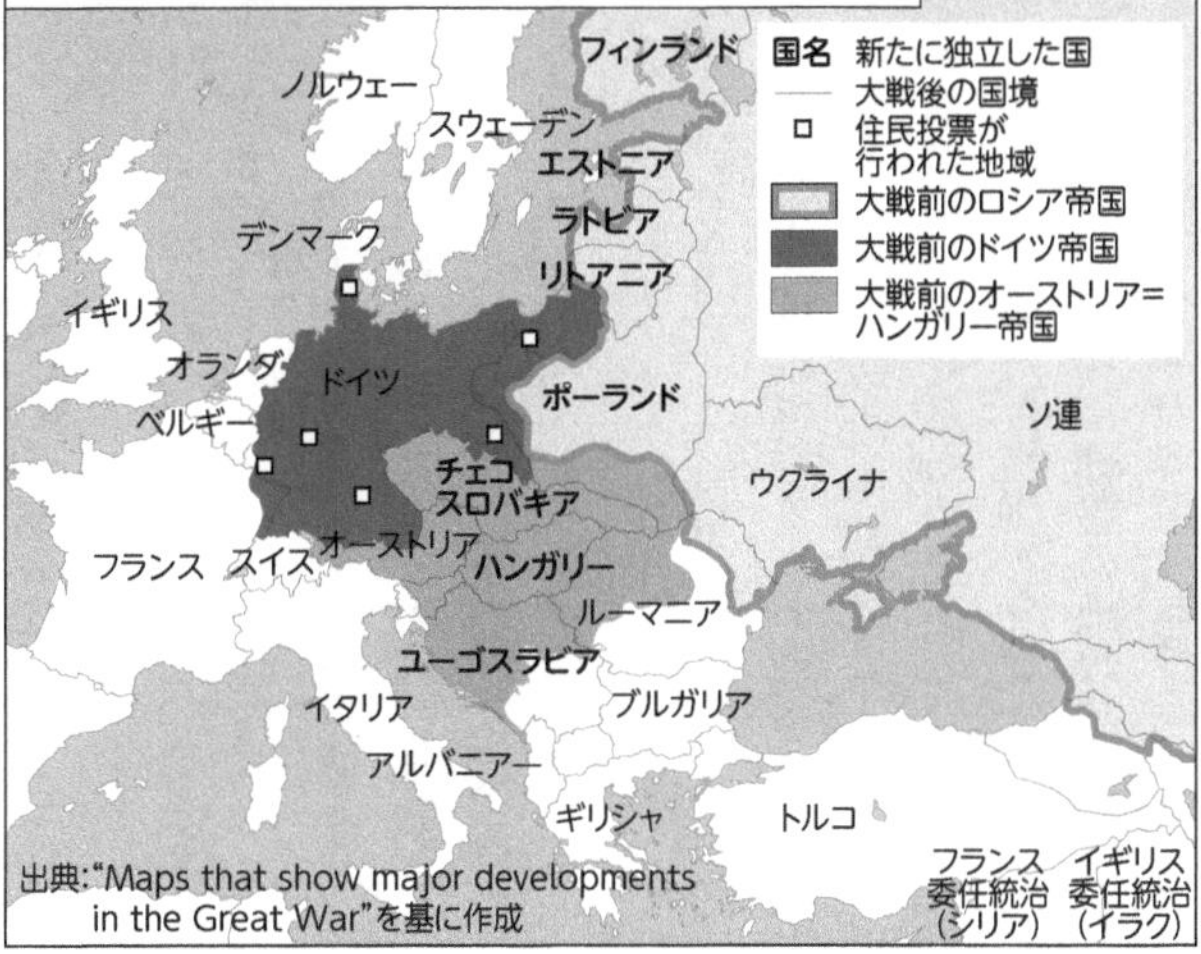

出典："Maps that show major developments in the Great War"を基に作成

作り上げたのが、アメリカであった。

第一次世界大戦によって、シュミットがヨーロッパ公法の秩序と呼んだものが崩壊し始めると、逆流するようにヨーロッパに入ってきたのが、アメリカの思想であった。アメリカは民主主義の国制をヨーロッパに逆輸出した。

だがそれだけではない。国際秩序の面では、帝国主義的な大国政治を否定して、民族自決に基づく秩序を打ち立てた。それを裏付けるのが、戦争を違法とする国際法の構造転換であった。そしてそれをさらに裏付けるはずだったのが、集団安全保障（今日の国連憲章体制における集団的自衛権に裏付けられた地域的な安全保障の制度を含む）の制度であった。ウィルソンは、この試みを、モンロー・ドクトリンの秩序をヨーロッパに広げる試みだと考えていた。

モンロー・ドクトリンの理解ほど、英米系地政学の世界観と大陸系地政学の世界観を決定的に分かつものはない。大陸系地政学によれば、モンロー・ドクトリンとは、孤立主義のことであり、アメリカが自国の生存圏または広域圏への他国の干渉を許さないようにしていた外交政策のことである。大陸系地政学の視点にしたがえば、アメリカのモンロー・ドクトリンこそが、生存圏／勢力圏／広域圏の理念型であった。

ところが、アメリカ人たち自身は、モンロー・ドクトリンをそのようなものだとは考えていなかった。

「汚れた」「旧大陸」の大国間政治との「相互錯綜関係回避」を宣言するのは、西半球世界の諸国の共和主義体制を守るためである。「新世界」の新興独立諸国こそが、「神の恩寵」にしたがった正しい政治体制を持っており、アメリカ合衆国が国力を増大させていくのは、その地域秩序を守るためである。モンロー・ドクトリンとは、神がアメリカに与えた特別で「明白な運命」を表現する理念であった。

そもそもマッキンダー理論の地政学の視点にしたがえば、西半球世界の諸国の団結は、アウター・クレセントの地帯におけるシー・パワーの団結に他ならない。その団結は、「世界島」におけるランド・パワーの膨張を封じ込めるために成立するだろう。アメリカは、孤立しているのではなく、ヨーロッパの帝国主義国家の拡張政策を封じ込めているのである。モンロー・ドクトリンの「新世界」は、20世紀後半の国連憲章体制の世界が集団的自衛権と呼んでいるものによって成り立たせた秩序空間の萌芽であった。

ウィルソン大統領にとって、モンロー・ドクトリンの秩序は、合衆国憲法によって主権を持った州（State）が集団的に作って維持している憲法秩序の延長線上に見出されるべきものであった。最終的に「国際連盟規約（Covenant）」として採択される条約文は、ウィルソンが起草してパリに持ってきた段階では「国際連盟憲法（Constitution）」であった。

国際連盟規約第21条には、モンロー・ドクトリンが連盟設立後も存続していくことが明記されている。これは、ヨーロッパ人や日本人にとっては、ウィルソン特有の偽善的な二枚舌の証拠以外の何ものでもなかった。しかしウィルソン自身にとっては、そうではなかった。西半球世界に存在したもともとのモンロー・ドクトリンは、ヨーロッパに拡大した新しいモンロー・ドクトリンと、併存する。合衆国憲法が作り出した入れ子構造型の秩序が、ウィルソンが国際連盟規約によって表現したかった秩序であった。

複数の地域秩序は連結して併存する。国際安全保障の仕組みは、重層的でありうる。両者を結びつけるのは、共通の普遍的な理念である。ウィルソンのアメリカは、第一次世界大戦時までのヨーロッパ人たちが、全く見たことがなく、想像したこともない国際秩序のあり方を、ヨーロッパに持ち込んだのであった。

結局、ウィルソンは、自国の議会の多数派を説得することはできなかった。議会の多数派が信じることができなかったのは、新しいモンロー・ドクトリンが、ヨーロッパにまで地理的範囲を拡大させて適用される、というウィルソンの理念であった。

なぜなら、ヨーロッパ人たちは、やがてまたすぐに、汚れた旧世界の勢力均衡の大国間政治を復活させるに決まっているからだ。議会の多数派にとって、ウィルソンの構想は、ヨーロッパ人たちによって裏切られることが約束されたものだった。

ただしアメリカは、ウィルソンが導入した新しい国際秩序の信奉者であり続けようとした。1928年には不戦条約の成立を主導して、戦争違法化の流れを推進し続けた。満州事変に際しては、スティムソン・ドクトリンを宣言して、侵略行為から生まれた現実は決して承認しない姿勢を貫き、新しい国際法秩序を守る姿勢を取り続けた。第二次世界大戦の勃発は、さらにアメリカの背中を押した。

1941年にアメリカの大統領フランクリン・ローズベルトと、イギリスの首相ウィンストン・チャーチルが発表した「大西洋憲章」は、連合国側の第二次世界大戦の目的が謳われた文書である。それはつまり、イギリスの地政学の視点と、アメリカの普遍主義の理念が、合体したような文書であった。

そこでは、アメリカとイギリスは、領土拡大を求めない、関係国の国民の意思に反して領土を変更しない、全ての人民が民族自決の権利を有する、貿易障壁を引き下げる、全ての人によりよい経済・社会状況を確保するために世界的に協力する、恐怖と欠乏からの自由が必要である、海洋の自由が必要である、侵略国の軍縮と戦後の共同軍縮を行う、という諸原則が謳われた。

これは地政学の視点からは、シー・パワーが、ランド・パワーと戦うために、同盟関係を結ぶことを確認した文書と位置付けることができるだろう。20世紀後半に国連憲章体制として知られるようになる国際秩序の諸原則の表明として位置付けることもできる。20世紀のアメリカの世紀では、両者は一体のものとして運用される。

真珠湾攻撃によって、アメリカは2度目の世界大戦に引き込まれる。そして戦後の国際秩序の構築を主導する。さらにアメリカは、自由主義体制を守るものとしてのモンロー・ドクトリンを、西半球世界をこえて適用する覚悟を定めて、冷戦体制でソ連と対峙した。

モンロー・ドクトリンは、当初から普遍主義の理念的要素を内包していた。それは20世紀にアメリカが世界最強の大国となったときに、普遍主義を振りかざして西半球世界から飛び出していく際のドクトリンの原型として機能した。

冷戦期のアメリカの地政学

大陸系地政学の視点では、モンロー・ドクトリンを放棄しないまま、ヨーロッパで国際連盟設立の旗振り役となったアメリカは、混乱を助長する偽善者として映る。第一次世界大戦に続いて、第二次世界大戦でも決定的な役割を果たして普遍主義を打ち立てた。アメリカは、「生存圏」の破壊者であり、失望の対象であった。

ベルサイユ体制に対するナチス・ドイツや大日本帝国の挑戦とは、アメリカの二枚舌外交あるいは「生存圏」の秩序の破壊に対する異議提唱であったと言える。

ナチス・ドイツは、ヨーロッパの覇権国として、ヨーロッパに自国の生存圏に基づいた広域圏を設立する。大日本帝国は、極東の覇権国として、東アジアに大東亜共栄圏を樹立する。これらは全て、アメリカが西半球世界でモンロー・ドクトリンに基づいて実践していたことの模倣のはずだった。それにもかかわらず、アメリカが、国際法原則なるものを振りかざしてナチス・ドイツと大日本帝国の主張を否定し、さらには軍事的にヨーロッパと極東に進出して新しい秩序の構築を推進するというのは、許しがたい裏切りであった。

しかしアメリカ人にしてみれば、このような糾弾は悪意に基づく誤解でしかなかった。モンロー・ドクトリンは最初から「明白な運命」論にしたがった理想主義的なものだったし、西半球世界をこえて積極的な外交安全保障政策をとったのも、自由主義世界を守る普遍主義的な目的のためであった。

あるいは地政学の理論にしたがって言えば、ヨーロッパとアジア／オセアニアに、集団的自衛権を根拠にしたシー・パワー諸国の同盟ネットワークを張り巡らせて、大陸のランド・パワーが膨張してくるのを封じ込めるアメリカの外交安全保障戦略は、マッキンダー／スパイクマンの英米系地政学の視点にそったものだった。

このように大陸系地政学と英米系地政学は、今や理論的な意味での世界観の対立だけではなく、現実の国際政治における対立も象徴するものとなった。

世界観の違いが、現実の政策の違いにも反映されてくる様子は、1939年に公刊されたE・H・カー『危機の二十年』において、「現実主義」と「理想主義」の間の対立としても描かれた。それは、普遍主義的立場をとる資本主義の擁護者と、下部構造の矛盾を覆い隠す上部構造を拒絶する共産主義体制の擁護者との間の対立とも連動していた。

中央アジアや東欧諸国を統合するランド・パワーの雄としてのソ連は、マッキンダー理論に従ってそのまま登場したようなハートランドの帝国であった。朝鮮半島で、インドシナ半島で、アメリカが軍事介入に踏み切る判断をしたのは、現状変革を求める革命勢力の側に、共産主義のイデオロギーがあり、ソ連の膨張主義の影があったからであった。冷戦構造とは、まさに「歴史の地理的回転軸」をめぐって成立していた。

ソ連を頂点にした共産主義運動がユーラシア大陸の中央から放射線状に膨張するのに対して、アメリカは自由主義諸国の防衛と橋頭堡に対するアクセスの確保を至上命題とする封じ込め政策をとって対抗した。この二つの勢力は、リムランドの帯にそって次々と具体的な紛争を起こしていった。超大国同士の直接対立は避けながら、20世紀のグレート・ゲームを演じていたのだと言える。

この冷戦の現実に対して、大陸系地政学は、何を観察するだろうか。

伝統的な大陸系地政学の知的中心地であったドイツは、第二次世界大戦後に東西に分割され、しかも戦前の思想を危険思想として強く警戒する文化をはぐくんだ。もはやドイツから、大陸系地政学の代表者は現れない。それは日本に関しても同じだ。アメリカの二枚舌を糾弾するのは、責任ある立場に就く人物がすることではなく、むしろアメリカとのシー・パワー同士の同盟関係の維持発展こそが、日本の問題関心の中心となった。

世界恐慌後のブロック経済が第二次世界大戦の惨禍を招いた、というのは、国際社会で共有された一つの有力な見解であった。自由主義陣営でブロック経済を防ぐための様々な手立てがとられただけでなく、教義上は世界革命を目指す共産主義陣営でも地域主義の論理は希薄であった。ＥＣなどのヨーロッパ統合の動きにおける反大西洋同盟の契機、中東

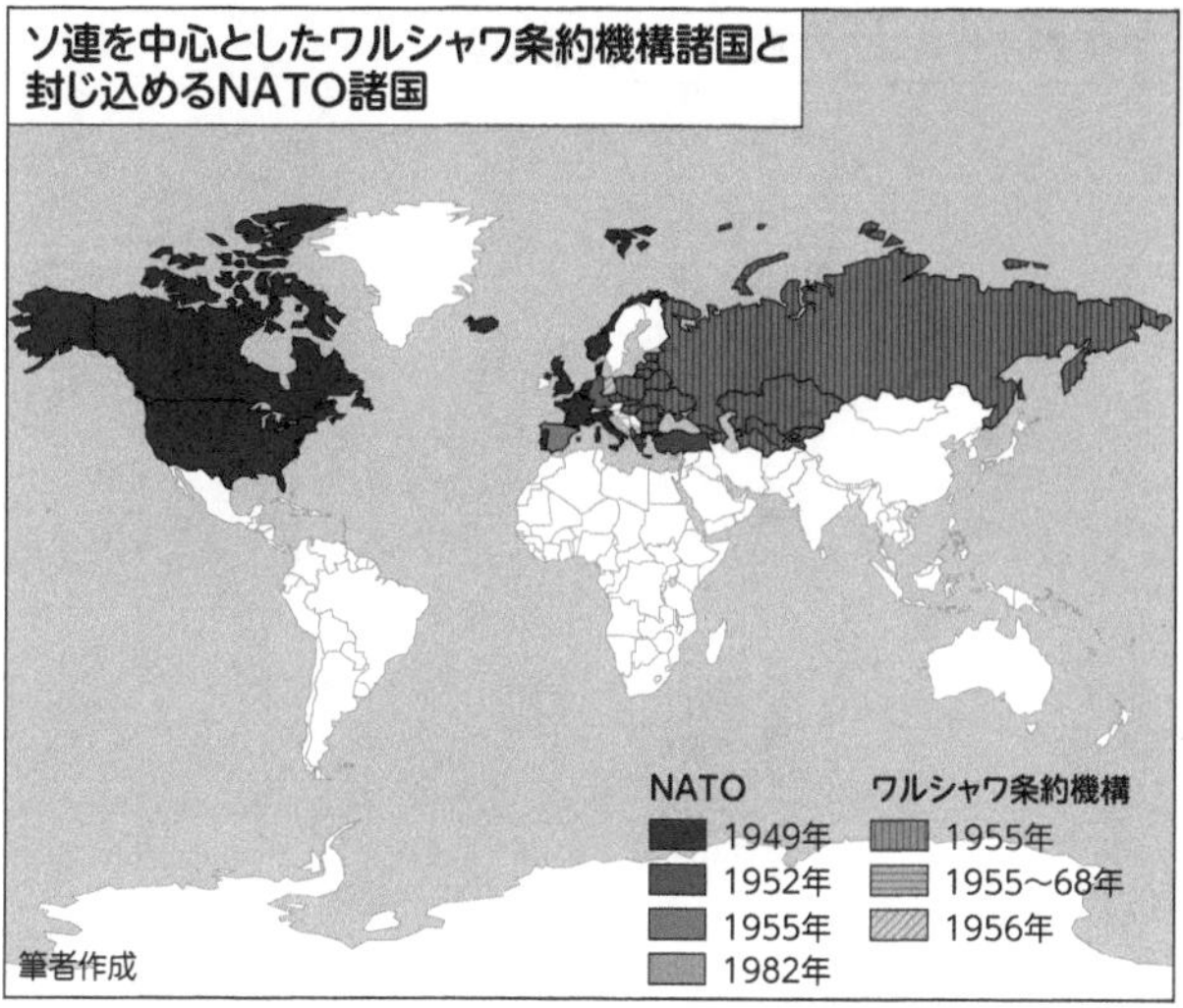

の汎アラブ主義やOPECなどの石油管理同盟の動き、アフリカ統一の思想運動、ASEANの成功などに裏打ちされたアジア諸国の地域アイデンティティの強化など、普遍主義に抗するような動きは多々あった。だがいずれにせよ冷戦構造の力学が、最も強い力で国際政治に働いていたとしたら、それは地域主義の封じ込めとして働いたのである。

米ソ対立の冷戦構造を、大陸系地政学の視点で見ていくことが全く不可能であるわけではない。ソ連の行動パターンに、大陸系地政学の視点があてはめられないわけではない。

ソ連という政治共同体の存在は、ロシアの勢力圏／広域圏が制度的に固定化さ

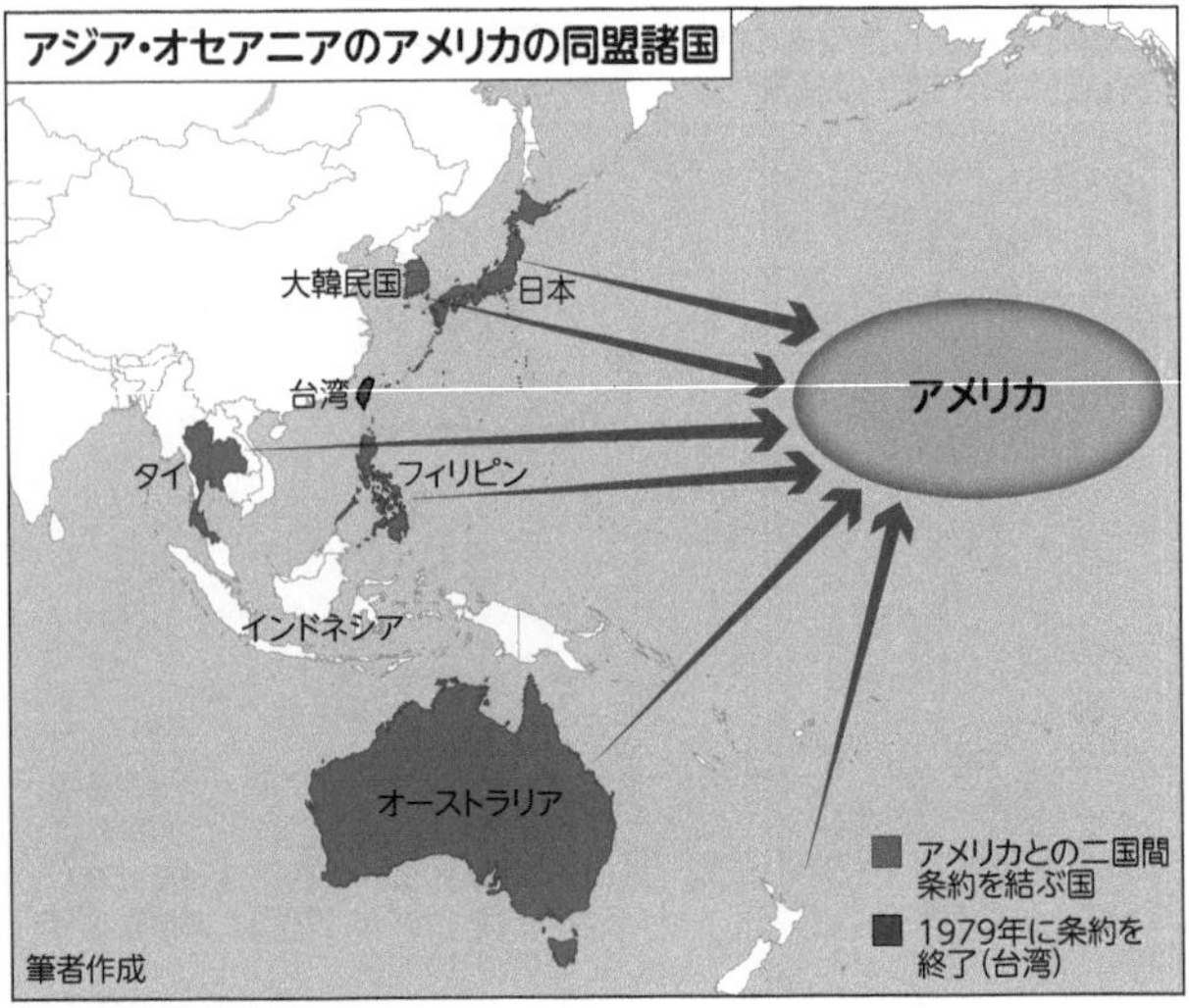

れたものだと言える。中央アジアやコーカサスのイスラム教徒が暮らす地域などは、広域化したロシア帝国としてのソ連の領域であり、つまりはロシアの勢力圏／広域圏のことだったと言うことができるだろう。あわせてワルシャワ条約機構に加入した東欧諸国なども、ソ連の勢力圏あるいは広域圏に属する諸国のことだったと言うことができる。

こうした大陸系地政学の視点から見れば、拡大したモンロー・ドクトリンとしての冷戦期のアメリカの同盟ネットワークは、地理的に過剰に拡大した地域主義である。NATOは拡大したアメリカの勢力圏／広域圏のことでしかない。日本や韓国、オーストラリアやニュージーランドも、飛び地のようなアメリカの勢力圏／広域圏のことであろう。

もっとも大陸系地政学の視点からすれば、アメリカが自国の勢力圏／広域圏を、ヨーロッパやアジア／オセアニアまで広げるなどということは、あってはならないことであろう。ソ連の膨張主義を封じ込めるという動機付けは、アメリカの思い上がりによるものでしかない。むしろアメリカが西半球世界での伝統的な勢力圏／広域圏へと後退するならば、世界の安定は保たれるはずだ。大陸系地政学から見れば、グローバル化だとか、普遍主義的価値観だとかを掲げるアメリカほど厄介な秩序攪乱要素はない。

第6章　冷戦終焉後の世界とロシア・ウクライナ戦争

冷戦の終焉は、英米系地政学の視点から言えば、シー・パワー連合の封じ込めが成功しすぎて、ランド・パワーの陣営が崩れていってしまった現象だということになる。大陸系地政学から見ても、いずれにせよソ連／ロシアが自国を覇権国とする生存圏／勢力圏／広域圏のような圏域の管理に失敗して自壊したことによって生じた事態であった。

フランシス・フクヤマが洞察した「自由民主主義の勝利」である「歴史の終わり」としての冷戦の終焉は、シー・パワー連合の封じ込め政策が完全な勝利を収めてしまった状態のことを、理念面に着目した言い方で表現したものだったということになる。これに対して、冷戦終焉後の世界においてもなお大陸系地政学の視点を対比させようとするならば、サミュエル・ハンチントンの「文明の衝突」の世界観に行きつくだろう。圏域を基盤にした世界的対立の構図は残存する、という主張である。

一方では、「自由民主主義の勝利」が、自由主義の思潮の普遍化や、自由貿易のグローバル化を背景にして、圏域に根差した思想の封じ込めを図る。この傾向は、冷戦終焉後に、ある面では強まった。

しかし、他方では、「歴史の終わり」としての「自由民主主義の勝利」の時代であればこそ、「文明」のような人間のアイデンティティの紐帯を強調する動きも生まれやすくなるかもしれない。

グローバル化と呼ばれる普遍主義の運動が強まれば強まるほど、それに反発する動きも顕著になるかもしれない。そこでシー・パワー連合のグローバル化に対抗し、圏域思想の側が「文明の衝突」を助長する。

冷戦終焉後の世界は、「自由民主主義の勝利」と「文明の衝突」が絡み合い、やがて二つの異なる地政学の対立にも引火していく構図の時代であった。

英米系地政学が直面した課題

ソ連を盟主とした共産主義陣営の崩壊によって、シー・パワー連合としての自由主義陣営は、冷戦時代の封じ込め政策の目的を達してしまったかのようであった。

マッキンダー地政学にしたがえば、ハートランド国家が拡張主義政策をとり、それに対してシー・パワー連合が封じ込め政策をとることによって、「歴史の地理的回転軸」が動いていく。もしハートランドが拡張を止め、むしろ縮小するなら、「歴史の地理的回転軸」が止まった状態だ。マッキンダー理論では、これでは歴史が動かない。冷戦の終焉という「歴史の終わり」としての「自由民主主義の勝利」は、マッキンダー地政学の理論からも語れることであった。

1990年代初頭の世界では、「新世界秩序」といった言葉が多用された。アメリカ一国の覇権、活発化する国連を中心にした世界、国境を越えて進展するグローバル経済、といった「自由民主主義の勝利」のイメージを表現するための言説も多かった。冷戦終焉直後の1990年代は、地政学への問題関心が著しく低下していた時期であった。

2001年に「9・11テロ」が起こると、当時のジョージ・W・ブッシュ大統領は、「我々の側か、我々の反対側か」という二者択一を迫るブッシュ・ドクトリンと呼ばれるようになる立場を鮮明にする。この単独主義とも称されたアメリカの唯一の超大国としての圧倒的な力を背景にした政策は、モンロー・ドクトリン以来のアメリカの外交政策が、ある種の頂点に達したものだったと言える。ブッシュ・ドクトリンにおける善と悪の二元論的世界観は、伝統的なモンロー・ドクトリンにおける神の恩寵を受けた共和主義諸国の「新世界」と汚れた絶対主義王政諸国の「旧世界」の二元論を彷彿させた。

冷戦期のトルーマン・ドクトリンでは、自由主義陣営と、共産主義陣営の二元論で、表現されていた。アメリカは自国の安全保障政策の関心対象である集団防衛の領域を、常に二元論的世界観にそって決定してきた。「対テロ戦争」の時代のブッシュ・ドクトリンでは、遂にこの二元論的世界観が、国際社会そのものと、非領域的に存在するテロ組織及びその支援者の間の分断となった。領域性のある政治アクターは、基本的に国際社会の側に立ち、国際社会に反した勢力は非領域的なものとして存在していることになった。

実際には、2003年のアメリカによるイラク侵攻は、同盟国を含めた諸国の反発を招いた。その後の占領統治の困難もあり、国際社会全体とテロリストとの闘いとしての対テロ戦争の構図は、頓挫していった。そしてアメリカでも、オバマ大統領の多国間協調主義と、トランプ大統領のアメリカ第一主義が登場してくることになる。

ただし、バイデン大統領の「民主主義諸国vs権威主義諸国」の世界観は、伝統的な二元論的世界観に通じるものだ。超大国化した中国との競争関係の明確化、ウクライナに侵攻したロシアとの敵対姿勢などから、「民主主義諸国vs権威主義諸国」の構図に沿って、大きく国際政治が動いてきている面もある。冷戦時代の自由主義陣営と共産主義陣営の対立の場合のような明確な線引きが「民主主義諸国vs権威主義諸国」の間に存在しているわけではない一方で、国家の間の対立が強まってきている現象もはっきりしてきている。

このような萌芽的あるいは過渡期の状況の中で、地政学理論への関心が復活してきているのが現代である。ただし、「シー・パワー」にとっての最大の脅威が中国になったと言えるのか、グループ化した中国とロシアが脅威ということなのか、引き続きロシアが差し迫った明白な脅威だと言うべきなのか、視点が定まらずに議論が拡散している面もある。

大陸系地政学の復活

「歴史の終わり」としての「自由民主主義の勝利」が語られていた1990年代から、アイデンティティをめぐる地域紛争の増加、宗教的事情を背景に持つテロ事件の頻発、保護貿易主義を掲げる政治運動の台頭などの事象もあった。

「文明の衝突」のイメージは、冷戦体制が終わって平和になるはずだったヨーロッパで、民族集団の間で始まったボスニア・ヘルツェゴビナにおける紛争などによって形づくられた。ハンチントンが主にボスニア・ヘルツェゴビナ紛争を観察しながら「文明の衝突」を

ハンチントンの「文明の衝突」

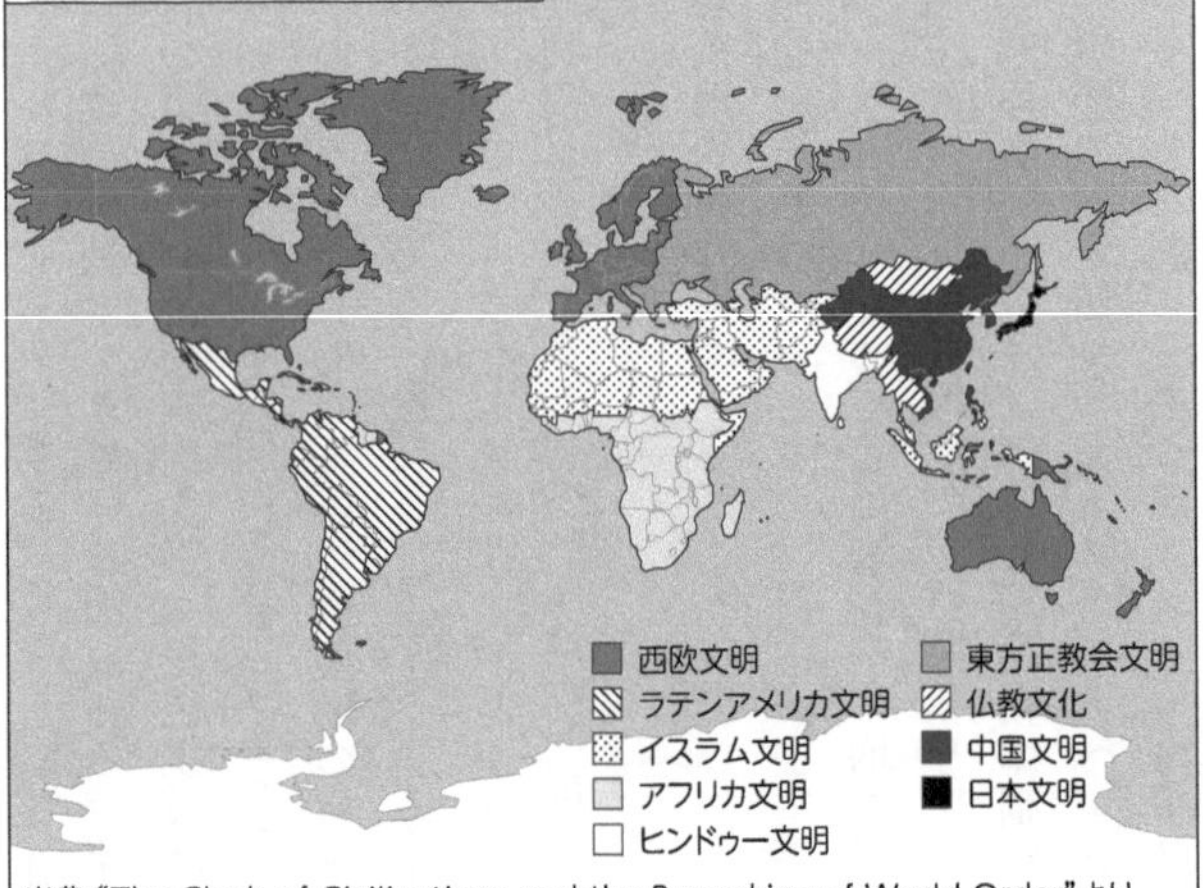

出典:“The Clash of Civilizations and the Remarking of World Order”より

論じたとき意識していたのは、文明の境界線で発生しがちになると想定される紛争のことだったが、それはヨーロッパ大国間政治の生存圏／勢力圏／広域圏の残《ざん》滓《し》の要素も相当に持つものであった。

　冷戦終焉後の時代におけるロシアの拡張主義政策に関して、ロシアのアレクサンドル・ドゥーギンが注目されるようになった。2022年のロシアのウクライナ侵攻後も、ドゥーギンによって代表される「ユーラシア主義」の思想の影響が取りざたされた。ドゥーギンは、過激なウクライナ併合主義者である。

　ユーラシア主義の思想によれば、ユーラシア大陸の中央部に、共通の文化的紐帯を持つ共同体が存在する。ユーラシア大陸の中央に、ロシアを中心とする広域政治共同体が存在する。この信念にしたがうと、中央アジア諸国やコーカサス地方の諸国のみならず、ウクライナのような東欧の旧ソ連圏の諸国は、ロシアを盟主とするユーラシア主義の運動に参加しなければならない。あるいは参加するのが本来の自然な姿だ、ということになる。

有名になったプーチンの2021年の「ロシア人とウクライナ人の歴史的一体性」論文によれば、そもそもロシア人とウクライナ人は民族的一体性を持っており、つまりウクライナはロシアの一部であるべきだとされた。翌年の軍事侵攻へとつながる2021年の重要論文は、汎スラブ主義と呼んでもいいし、ユーラシア主義と呼んでもいい、ロシア人を中核にした広域民族・文化集団がユーラシア大陸の中央部に存在する、という信念が、プーチンをはじめとするロシア人の思想の中に根深く存在していることを、あらためて示した。

プーチンあるいはドゥーギンは、いわばハウスホーファーがいう生存圏の存在を自明視し、普遍的な原則を課す国際秩序に挑戦する。それぞれの生存圏の覇権国が、お互いの生存圏を認め合うことによって、国際社会の安定は図られる。そのため、冷戦の終焉とソ連の崩壊によって、ロシアの生存圏が減少してしまったのであれば、それを取り戻すことが正当である。もし欧米諸国をはじめとする世界の諸国が、ロシアの生存圏／勢力圏の回復を認めないのであれば、それは不当である。プーチンをはじめとする数多くのロシア人たちは、このような世界観を大真面目に信じ込み、戦争を始めている。

プーチンは、戦争の原因は欧米諸国側にある、と繰り返し述べている。確立された国際秩序に反した世界観を振り回し、その世界観を認めない諸国はロシアに罪深いことをしていると主張するのである。それは、確立された国際秩序を維持する側から見れば、身勝手なわがままでしかなく、認めるわけにはいかないものだ。国連憲章は、「主権平等」の原則を定め、生存圏／勢力圏／広域圏の考え方の余地をなくしている。国連憲章は、「人民の自決」の原則を定めているが、それは国家の政治単位を構成する「人民」の「自決権」が尊重されるという意味である。プーチンがウクライナ人とロシア人は同じ民族的出自を持つと唱えるとウクライナがロシアによって併合される、といったことを正当化する原則ではない。

国連憲章体制は、ユーラシア主義の思想などを認めない。かつて20世紀に、ナチス・ドイツの生存圏も、大日本帝国の大東亜共栄圏も、国連憲章体制につながる世界観によって、崩壊した。

国連憲章体制は英米系地政学理論に裏付けられたものであると言えば、それはそうだろう。ロシア・ウクライナ戦争は、英米的な地政学理論の世界観と、大陸的な地政学理論の

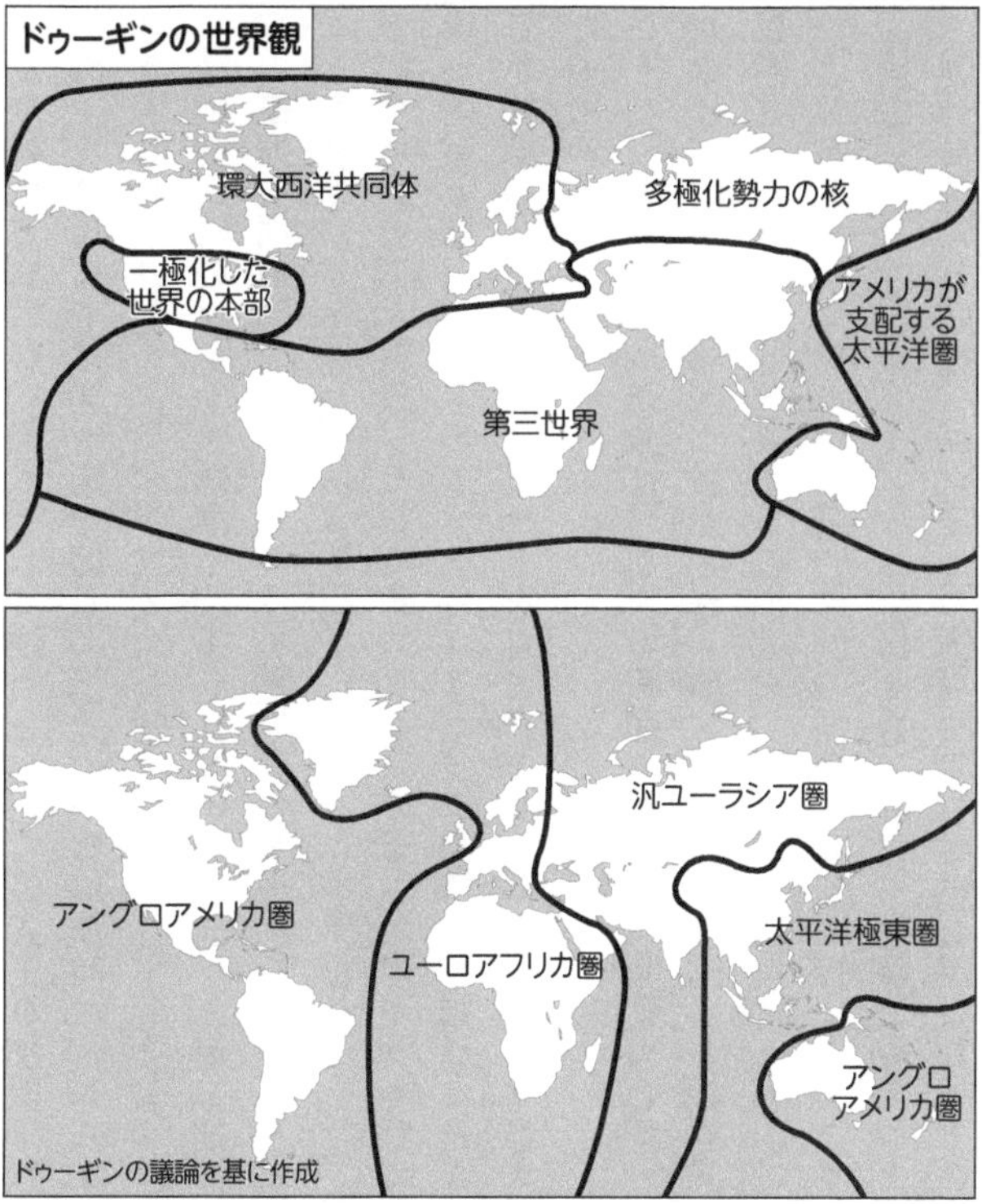

世界観のせめぎあいの発露としての性格も持っている。正式な国際秩序を支えているのは、より英米的な地政学理論に根差した世界観のほうである。大陸的な地政学理論は、秩序攪乱要素として働いている。

NATO東方拡大をめぐる問題

ロシア・ウクライナ戦争をめぐり、N

ＡＴＯの東方拡大が、論点として注目された。ＮＡＴＯ加盟国数は、冷戦終焉時に16ヵ国であった。現在では30ヵ国を擁している。冷戦終焉時に、ＮＡＴＯは存在価値を失ったとさえ言われていたにもかかわらず、実際には劇的な拡大をした。

冷戦終焉時のブッシュ政権や、１９９３年に成立した第1期クリントン政権は、ＮＡＴＯの拡大に消極的であった。ＮＡＴＯ拡大を望んだのは、「力の空白」状態に置かれ続けることを懸念した東欧諸国のほうであった。しかし、たとえばスラブ系のセルビア人勢力と、クロアチア人勢力、そしてイスラム系のボスニアックと呼ばれる人々の勢力の間で凄惨な内戦となったボスニア・ヘルツェゴビナ紛争が、結局はＮＡＴＯの軍事介入によってしか終結しえなかった状況などを見て、１９９０年代後半に拡大論者が優勢となっていったのである。

そこで論点となったのは、拡大の範囲であった。暗黙の合意として、ＮＡＴＯの拡大の対象は、旧東欧圏諸国と設定され、旧ソ連構成共和国から独立国となった諸国への拡大は忌避された。つまりＮＡＴＯの拡大を、旧ソ連の国境で止めるのが、不文律であった。これはＮＡＴＯとロシアが直接的に同じ国境を有して接することまではしない、両者の間に「緩衝地帯（バッファーゾーン）」を維持する、という理解でもあった。

例外に見えるのは、ロシアとの国境を有していながらＮＡＴＯ加盟を果たしたエストニアとラトビア（及びロシア領カリーニングラードと接しているリトアニアとポーランド）である。バルト三国は、旧ソ連への併合が歴史的に不当なものであったという立場をとっており、ソ連の崩壊の過程で「独立の回復」を達成していることもあり、例外扱いになっていると言える。

焦点となるのは、旧ソ連から分離して独立国となったヨーロッパのウクライナ、モルドバ、ベラルーシ、コーカサス地方のジョージア、アルメニア、アゼルバイジャン、そして中央アジア諸国である。他の諸国に対するＮＡＴＯ東方拡大には静観を装ったロシアだが、２００８年に当時のアメリカのジョージ・Ｗ・ブッシュ政権が、ウクライナとジョージアのＮＡＴＯ加盟を提案した際には、プーチン大統領はこれに猛然と怒りを表明した。ドイツやフランスをはじめとする欧州のＮＡＴＯ構成諸国も、旧ソ連地域にまではＮＡＴＯを拡大させないという不文律を変更する準備はなかったため、このブッシュ政権の提案は実現しなかった。

「対テロ戦争」を宣言し、軍事侵攻した相手国を次々と民主化していく野心的な政策も語っていたジョージ・Ｗ・ブッシュ政権のイメージから、ＮＡＴＯ東方拡大は、アメリカの帝国主義的な政策に基づくものだ、という理解が主張される場合がある。民主主義国家同士は戦争をしないという学説に依拠した「民主的平和」論により、民主主義の輸出こそが世界に平和を広げる政策だという理論が、広く信じられるようになった結果、そのための手段としてＮＡＴＯの拡大も追求されるようになった、という理解も見られる。

だが、より正確に言えば、マッキンダーの英米系の地政学理論に基づいて東欧の重要性を認識した際、東欧諸国を「力の空白」に置き続けることの危険性が認識され、その結果、ＮＡＴＯの東方拡大が進んだ、と言うべきだろう。

その際、ロシアが不満を抱えることは、織り込み済みであった。そのため、一つの調整案として、旧ソ連地域にはＮＡＴＯは拡大しない、という不文律が生まれた。シー・パワー連合であるＮＡＴＯを拡大させてランド・パワーの封じ込めを図りながら、ロシアの外縁地域にあたる旧ソ連地域には拡大させず、ロシアの生存圏／勢力圏の考え方に配慮した政策を採ったのである。

その結果、旧ソ連構成共和国から独立した諸国が存在するロシアの外縁地域は、事実上の「緩衝地帯」となった。この状態の中で、ベラルーシや中央アジア諸国は、もちろん微妙な要素は含み込みつつも、国内の独裁体制の維持と組み合わせたロシアとの良好な関係の維持を選択してきた。ベラルーシは、文字通りロシアとＮＡＴＯに挟まれた国家として、ロシアの外交政策との協調性を維持し続けている。アフガニスタンに巨大なＮＡＴＯ構成諸国の軍事プレゼンスが存在していた時期には、中央アジア諸国も、文字通りの緩衝地帯であった。

緩衝地帯であるがゆえの紛争を抱え込んでしまった地域が、最も典型的には、アルメニアとアゼルバイジャンとの間の国家間紛争にまで発展しているナゴルノ・カラバフである。同じように未承認の国家を抱え込んだ地域としては、モルドバの沿ドニエストルや、ジョージアのアブハジアや南オセチアの問題をあげることができる。

さらにはロシアの介入によって、独立共和国内に未承認国家が生まれる事態は、これらの地域に共通した問題であり、２０１４年以降のウクライナ東部地域の状況も同じパターンであった。もともと旧ソ連の非ロシア共和国の地域には、複雑な民族問題と国境問題があり、ソ連時代に移植したロシア人居住者の問題がある。ロシアの外縁に弧を描いて不安定性を抱え込んでいる地域であると言える。

２０２２年に勃発したロシアとウクライナの間の全面的な戦争は、こうした緩衝地帯の管理が著しく難しいものであることを示した。ウクライナの大多数の人々は、２０１４年のマイダン革命にあたって、軍事介入を辞さなかったロシアへの不信を高めた。そのため、ＮＡＴＯやＥＵへの加盟を目指す政策を明確に採用するようになった。

国際社会の法原則からすれば、ウクライナに、自らが属する国際機構を決定する権利があることは、当然である。ＮＡＴＯ構成諸国は、ウクライナをめぐる事態の進展に困惑と躊躇を見せながら、権利は尊重する態度を取り続けた。プーチンは、この動きを、ロシアの生存圏／勢力圏をないがしろにする行為であるとみなし、アフガニスタンからの撤退で米国を中心とするNATO構成諸国が威信を低下させたタイミングを見計らって、ウクライナを力で「勢力圏」に置き続けようとする行動をとったのである。

この動きに対して、「攻撃的リアリズム」の理論で知られるアメリカの国際政治学者ジョン・ミアシャイマーが、NATO東方拡大こそが戦争の原因であるという主張を展開し、話題となった。

ミアシャイマーの「攻撃的リアリズム」の理論は、19世紀ヨーロッパの大国間政治をモデルにしている。そのモデルを現代にあてはめると、ロシアの「勢力圏」を認めるべきだ、という主張になるのは、ある意味では自明である。

この議論は、ロシア・ウクライナ戦争の背後に、国際社会全体の仕組みに対する世界観の争いがあることを示している。逆に言えば、ミアシャイマーが示すのは、それ以上のことではない。

ミアシャイマーにしたがっても、NATOの東方拡大を失敗だったとまで言えるかは、疑問である。NATO東方拡大の目的は、「力の空白」に置かれた東欧諸国を脅威から守ることであったので、それは現在でも達成され続けている。問題だったのは、緩衝地帯の管理である。これにはNATOもロシアも共に失敗した。

高齢のヘンリー・キッシンジャーが2022年5月のダボス会議で断片的に語った言葉が、ミアシャイマーに同調するものだったのではないか、との報道が出たこともあった。キッシンジャーは「リアリスト」であり、地政学を頻繁に語っていた、というイメージから、安易な印象論が独り歩きしたものと思われる。

実際のキッシンジャーの言葉を拾っていくと、実態は異なることがわかる。キッシンジャーは、領土の割譲が事態を打開するとか、ウクライナをロシアに献上すれば問題は解決する、といった安直なことは言っていなかった。「緩衝地帯」の管理が難しいことを率直に認めたうえで、新たな秩序の再構成と、それを支える新たな力の均衡の形成の重要性について語っただけであった。キッシンジャーは、英米系地政学の伝統にそっている。

ただ、いずれにせよ、ロシア・ウクライナ戦争が、マッキンダーの地政学理論が重視した東欧地域で勃発した大規模な戦争であるがゆえに、地政学に対する新たな関心を喚起したことは事実であろう。ロシアのウクライナ侵攻は、地政学理論をあらためて精査することが、喫緊の課題となっていることを強く印象付けた。

第3部　地政学から見た日本の戦争

第1部では、二つの異なる地政学を、理論的な観点から整理した。第2部では、その二つの異なる地政学が、ヨーロッパにおける戦争の歴史と、どのように交錯してくるのかを見た。

第3部では、焦点を日本の歴史にあて、二つの異なる地政学と日本の戦争の歴史との関わりについて考察を加えていく。

第7章では、明治期の日本が、マッキンダーが登場する以前の時代に、マッキンダーの理論を先取りする外交政策をとっていたことを指摘する。第8章は、1930年代以降の日本が、大陸系地政学の考え方の方向に、外交政策を変転させていったことを見る。第9章は、20世紀後半の日本の外交政策が、マッキンダー理論への回帰であったことを論じる。

第7章　英米系地政学から見た戦前の日本

本章では、近代国家としての歩みを始めた明治維新以降の日本が、マッキンダー地政学理論で説明することができる外交政策に合理性を見出していたことを振り返る。ただし明治期の日本の外交政策が、マッキンダー理論に影響されていたわけではない。時系列は、逆である。むしろ日本の外交政策が、マッキンダー理論の登場に影響を与えたのである。

マッキンダー理論を生み出した日英同盟

日本において地政学は、大日本帝国時代の帝国主義的政策と結びついていたがゆえに、第二次世界大戦後の時代にタブー視されるに至った。そのため地政学が１９７０年代以降に徐々に注目されていった際、地政学は戦後の日本で禁止された「悪の論理」であると喧伝された。タブー視されていた歴史が、逆に秘密の教えとしての特殊な魅力の源泉となったのである。

しかしこのような日本における地政学受容の歴史の理解は、二つの異なる地政学の視点を度外視しているために、大きな問題をはらんでいる。１９７０年代以降に地政学の代表的理論家がマッキンダーだと紹介されたため、あたかも戦後に拒絶されたのがマッキンダー理論であるかのような誤解が生まれがちになった。

しかし事実は異なる。なぜなら１９３０年代・40年代に日本の多くの知識人の注目を集めた地政学の理論家に、マッキンダーは含まれていなかった。日本において、戦中に隆盛し、戦後に拒絶されたのは、ハウスホーファーに代表される大陸系地政学であった。

日独同盟の理論的基盤であったと言える有機的国家観を基盤にした勢力圏の思想が衰退し、ナチス・ドイツの生存圏の思想および大日本帝国の大東亜共栄圏の思想がタブー視された。終戦直後から、大陸系地政学のタブー視と、マッキンダー理論が代表する英米系地政学の重視は、表裏一体の関係をとって、戦後の日本の外交政策を特徴づけてきた。

もっとも二つの異なる地政学が強く意識されなかった日本では、大陸系地政学のタブー視は、英米系地政学の採用である、という理解は広がらなかった。大陸系地政学の否定と英米系地政学の肯定は、１９７０年代以降の地政学への注目が興隆する現象の中で、マッキンダーが地政学の代表的理論家だと説明される過程で、広く受容された。いわば現実の国際政治の進展を後追いする形で、英米系地政学の意識的受容がなされた。

この事実をふまえることは、明治期の日本外交の性格を正しく知ることにもつながる。シー・パワー同盟である現代の日米同盟の意味は、マッキンダー理論によって明快に説明される。そのため、日露戦争の直前に締結された日英同盟もまた、マッキンダー理論にしたがったものだと仮定されがちである。あたかも19世紀末のイギリスおよび日本の外交当事者に、マッキンダーが講釈をしたかのような誤解が生まれがちである。

だが事実は、順序が逆である。日英同盟をマッキンダーが推奨したのではなく、日英同盟の現実を「歴史の地理的回転軸」の執筆者であるマッキンダーが説明した。

日英同盟の成立は１９０２年、マッキンダーの「歴史の地理的回転軸」は、１９０４年2月の日露戦争勃発の直前の講演で披露され、勃発後に論文として公表された。マッキンダーは、母国イギリスが「名誉ある孤立」を破って極東の日本と同盟関係を結んでロシアの南下政策に対抗したことに触発され、その歴史的・地理的な意味を分析するために「歴史の地理的回転軸」を執筆したのである。それが実際の戦争の勃発とほぼ同時であったため、マッキンダーの講演／論文は、一躍有名になった。

ランド・パワーとシー・パワー連合が対峙するマッキンダー地政学理論の原型は、日露戦争に至る日英同盟の構図によって形成されていた。ロシアと同義語であるハートランド、イギリスと日本、そしてアメリカが属するアウター・クレセントの概念も、日露戦争の当時の実際の諸国の存在を具体的に意識したものだ。大日本帝国の外交政策がマッキンダーに影響された経緯はない。マッキンダーが、当時の日本の外交政策に影響されたのである。

日本の地政学的素養

それでは明治期の日本で、マッキンダーに先駆けて地政学の理論が構築されていた、と言えるのだろうか。答えは、イエスであり、ノーである。

マッキンダーが説明した大国間関係に対する洞察は、ロシアの南下政策を懸念して日英同盟を締結した島国イギリスと日本の外交当局者の脳裏に、基本的に存在していた。ただしそれは日清戦争後の極東情勢を反映した1902年当時の時局の分析によって成り立っているものであり、決して「歴史の地理的回転軸」といった一般理論に昇華させるようなものではなかった。

しかも1902年当時の日本政府内には、ロシアとの融和路線を主張する勢力が最後まで根強く存在した。最終的には日英同盟の締結を推進した桂太郎首相及び小村寿太郎外相の主張が通ったのだが、彼らですら当初はロシアとの融和路線とイギリスとの同盟の双方を追求する姿勢でいた。

ロシアとの交渉の妥結がロシア側の強硬姿勢で悲観視されていったことも大きいが、ロシアとの関係を清算したうえで同盟条約を締結することをイギリスが強く求めたことが最終的には決定的な意味を持った。結果としてランド・パワーを封じ込めるためのシー・パワー同盟というマッキンダー理論にそった形になった。

イギリス外交当局の側に、マッキンダーによって体系的に説明される世界観があったとも言えるが、いずれにせよヨーロッパ域外の国との同盟は、イギリスにとって初めての試みであった。

長くヨーロッパ大陸の大国間政治にバランサーとしてのみ関わる道を選択してきたイギリスにとって、ヨーロッパ列強の植民地化が進む極東で、日本という非ヨーロッパの大国との関係を構築することは、それまでにない発想を必要とした。

19世紀末までに、世界の全地表がヨーロッパ列強の植民地化の対象となり、地球的規模にまでヨーロッパ国際社会の地理的範囲が広がった。ヨーロッパのシー・パワーであるイギリスが、極東のシー・パワーである日本と同盟関係を構築し、地理的にヨーロッパを超えた場所でもランド・パワーの拡張政策を封じ込める外交政策が、必要不可欠なものとなった。外交当局が、踏襲できる過去の事例がない中で、それでも同時代の状況を分析して行った判断を、マッキンダーが一般理論の形に昇華して説明した。英米系地政学の伝統に即して言う限り、日本への地政学の影響を論じるのは、的外れである。日本こそが、英米系地政学の誕生に不可欠な役割を演じた、と言うべきである。

明治期より前の日本列島では、強力な集権的な政府による統治と、群雄割拠の内戦が繰り返される時代が長く続いた。

地理的事情を考慮しながら、軍事力を展開させたり、外交政策を進めたりしていくことは、たとえば戦乱の時代の武将であれば、当然の態度であった。戦国時代を終結させて強力な中央集権政府を樹立した徳川家康は、関ケ原の合戦のような重要な戦争を、地形を活用した軍事力の展開と、多彩な外交術を駆使した様々な背景を持つ武将群との同盟関係の構築を通じて、勝ち切った。明治維新の成功を決定づけたのも、段階的に発展した薩摩藩と長州藩を中心とする雄藩間の同盟関係であったことは言うまでもない。

ヨーロッパの大国間で繰り広げられていた帝国主義時代の国際政治は、日本人にとって根本的に異なる別世界の出来事ではなかったはずである。当時の日本の政治家や外交官たちの国際政治の情勢分析や政策判断を見ても、マッキンダーを待つことなく、地政学的な発想が自然と身についていたことが明らかである。

明治維新後の外交政策をめぐる論争では、1873年の征韓論が有名である。朝鮮への全権使節としての派遣の延期を命じられた西郷隆盛らが一斉に下野し、1877年の西南戦争にまで至る日本国内の争乱にも大きな影響を与えた。朝鮮との外交関係の樹立は、ヨーロッパの列強と対峙するためにも重要である、という認識があればこその大論争であった。

もともと明治維新の前から、文明開化派と尊王攘夷派の間の対立に加えて、欧米志向派とアジア志向派の対立があった。勝海舟が幕末期から清(中国)・朝鮮・日本の三国同盟で欧米列強と対抗する考えを持っていて、日清戦争などにも反対したことは有名だ。ただし明治政府は、脱亜入欧路線を明確にしていく。やがて日本は日清戦争で清の朝鮮半島に対する影響力を排除し、次に日露戦争でロシアの朝鮮半島に対する影響力を排除した。そのまま1910年に朝鮮半島を大日本帝国の一部として併合してしまうのだが、他の大国の勢力圏になることを恐れて軍事力を行使し、外交術を駆使しているうちに、自らの勢力圏を広げる帝国主義政策に陥った。このパターンは、当時のヨーロッパ大国間政治では見慣れた光景であった。

重要なのは、早い段階から、明治期の日本の政治家たちが、朝鮮半島を死活的な重要性を持つ地域と認識していたことである。マッキンダーの「橋頭堡」概念にふれて、朝鮮半島の重要性に日本人が気付いたのではない。日本をはじめとする大国の振る舞いを見て、マッキンダーが「橋頭堡」の重要性を一般理論化した、と言うべきである。

同じ事情は、台湾についてもあてはまる。島国である日本にとって、南西諸島から台湾島に至る島嶼部の帰趨に、死活的利益が存在することは自明であった。明治政府の有力な政治家の中に、東シナ海の状況に強い関心を持っていた薩摩藩出身者が多数入っていたという事情もあった。１８７４年の台湾出兵から、１８９５年に日清戦争の結果として下関条約が締結されて台湾島・澎湖《ほうこ》諸島が清から日本に割譲される経緯は、日本の死活的な国益が東シナ海の島嶼部に見出されていた事実を示す。

日清戦争によって朝鮮半島と台湾を清の勢力圏から切り離すことに成功した日本は、清と手を組んで欧米の大国の植民地主義に対抗するような外交政策ではなく、海洋国家として島嶼部と半島に対する大陸の大国の影響力を排除する外交政策に、合理性を見出した。

マッキンダー地政学の一般理論の説明を待つまでもなく、日本はシー・パワーとして行動していたのである。

すでに見たように、そもそもマッキンダー自身は、自らの議論を地政学とみなしていたわけではなかった。マッキンダーの地政学理論とは、地理的条件を重視して国際政治を分析し、外交政策の合理性を判断していく視点にほかならない。それはむしろ、同時代の実際のイギリスや日本の外交政策の合理性を分析し、評価していくための視点だったのである。

日本の大陸進出の地政学的意味

日露戦争におけるイギリスの支援とアメリカの調停による日本の勝利は、海洋国家連合の合理性を洞察するマッキンダー地政学の隆盛にもつながった。

ところが19世紀グレート・ゲームの記憶を強く持ち、日露戦争前夜の国際政治情勢を一般化することによって構築されたマッキンダー理論は、政策に影響を与えたというよりは、むしろ現実分析的なものであった。マッキンダーが、実際の外交コミュニティに忠実な信奉者を多数抱えていたわけではない。そのため、日露戦争後の国際政治は、必ずしもマッキンダーが「歴史の地理的回転軸」で論じた構図そのままに展開したわけではなかった。

ヨーロッパ中央に位置して最大の人口を持つドイツ帝国の力が増大し続け、その拡張主義的傾向が顕著になると、イギリスはフランスとロシアと協調して、ドイツを封じ込める政策をとるようになる。日本にとってもロシアはもはや仮想敵国ではなかった。日本は、第一次世界大戦の勃発にあたっては、英・仏・露の協商国側に立って参戦して、太平洋におけるドイツの権益を奪い取ることに関心を持った。

マッキンダーは第一次世界大戦後の1919年に『デモクラシーの理想と現実』を著し、世界大戦はランド・パワーの雄となったドイツが東欧全域を支配することを防ぐための戦争であったと分析した。それは確かにランド・パワーとシー・パワーの世界的規模での確執という「歴史の地理的回転軸」以降のマッキンダーの一般理論に合致する洞察であった。

しかし今やハートランドのロシアの重要性は著しく低下している現実を受け入れる大きな修正を施した議論でもあった。「東欧を支配する者はハートランドを制し、ハートランドを支配する者は世界島を制し、世界島を支配する者は世界を制する」という有名なマッキンダーの言葉は、1904年ではなく、1919年の時局分析の中で示された認識であった。それは、ドイツの世界支配を防ぐために行われたと想定された第一次世界大戦を総括し、1919年当時の国際政治情勢を見てマッキンダーが述べた言葉であった。

ヨーロッパにおける覇権を狙うドイツと、それを防ごうとする海洋国家連合という構図は、地政学理論の観点から見た国際連盟の狙いでもあった。アメリカ大統領ウッドロー・ウィルソンは、戦争違法化、民族自決、集団安全保障をセットにして、国際安全保障システムの刷新を狙った。結果的には、この試みは失敗し、第二次世界大戦の勃発を防ぐことはできなかった。しかし、それでも第二次世界大戦は、1939年にドイツが東欧のポーランドに攻め込んだところで、国際連盟に主要な責任を持つ理事国であるイギリスとフランスが集団安全保障を発動して始まった。国際連盟が確立することを狙った国際安全保障の仕組みはまだ存在していた。

日本は、第一次世界大戦の主要な戦勝国として、国際連盟の理事国となった。しかし実際にはヨーロッパの集団安全保障に参加する意図を持っていなかった。代わりに東アジアにおける自国の勢力圏の確立に熱心であった。大国となった日本の存在は、同じように太平洋地域における自国の影響力の確保を狙うアメリカにとって目障りなものであった。1921年のワシントン会議で、日本、イギリス、アメリカ、フランスによる四ヵ国条約が締結された際、日英同盟は更新を行わず、解消されることになったが、その背景には日本を警戒するアメリカのイギリスに対する圧力があった。

ワシントン会議において、加藤友三郎海軍大臣を首席全権とする日本政府代表団は、対米協調路線を基調として、米英との軍縮条約の締結を目指した。厳しい姿勢をとるアメリカの要求を呑む形で、実際の1922年ワシントン海軍軍縮条約締結にあたっては、日本は主力艦の保有率を、米英に対して6割と定めざるをえなかった。1917年に日米間で締結されていた石井・ランシング協定は、日本の中国大陸での勢力圏の確保を認めない代わりに、日本が中国大陸に「特殊利益」を持っていることを認める内容であったが、これはワシントン会議において破棄されることが決まった。そして中国における門戸開放政策が強調されたため、日本は中華民国と山東還付条約を結んで、山東省、山東鉄道を中華民国に還付することになった。あわせて山東半島や漢口の駐屯兵の撤兵も行った。

このように第一次世界大戦後に世界最大の国力を持つアメリカとの協調路線を模索する日本に対して、アメリカは警戒心を隠そうとしない態度を取り続けた。太平洋の対岸に位置する世界最強国となったアメリカとの連携を維持しようとする日本に対して、アメリカはそれと引き換えに東アジアにおける日本の勢力圏の確立を突き崩そうとしていた。結果的には、四ヵ国条約は日英同盟の代替物として機能するものではなく、ワシントン体制は日米英あるいはフランスを加えた四ヵ国の間の構造的な利益の衝突を前提にしながら、微妙な力関係の均衡を内包するものとなった。

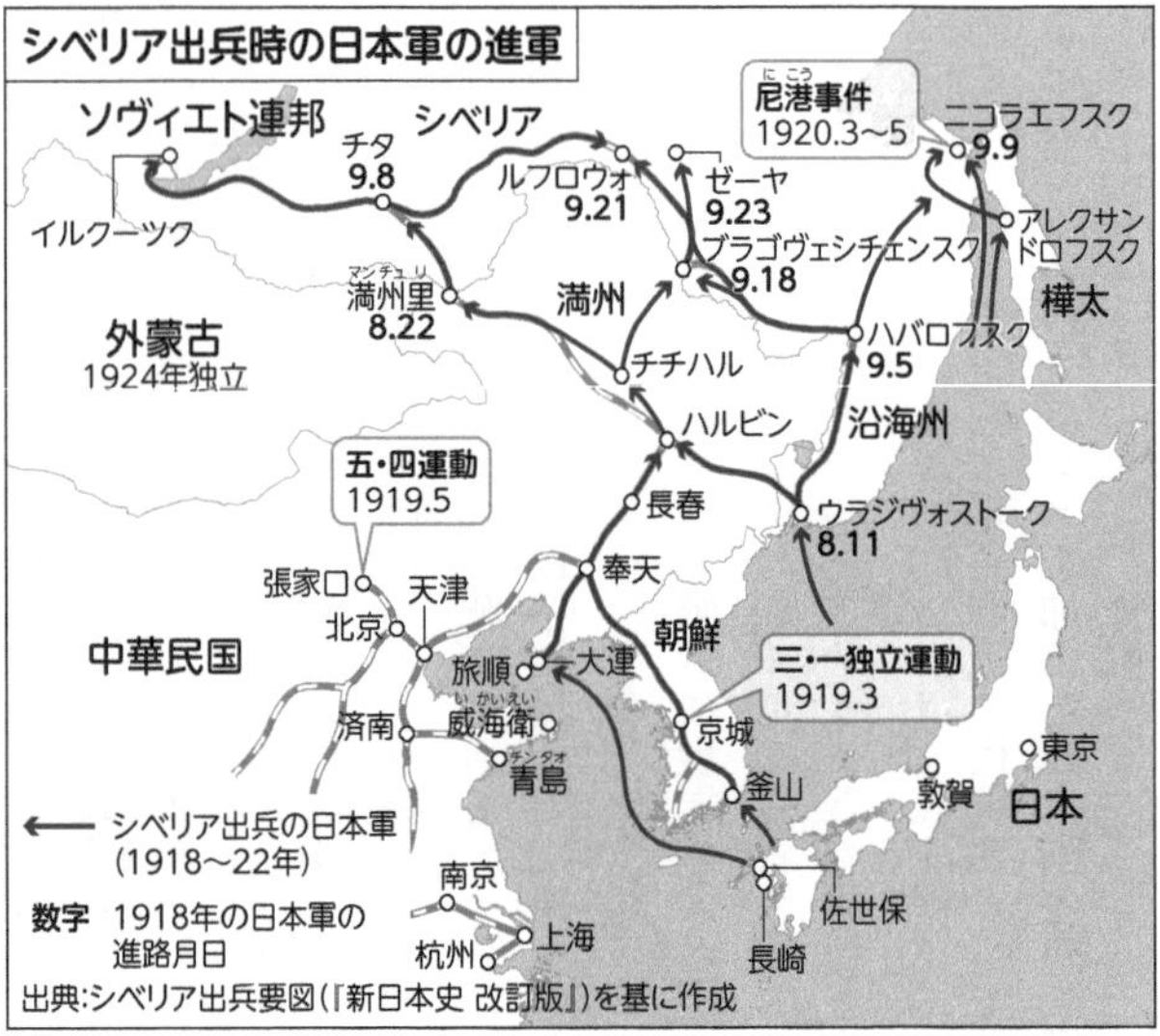

なんといっても第一次世界大戦後の国際情勢では、四ヵ国が共に封じ込めるランド・パワーの脅威が欠落していた。もはやドイツは軍事的な脅威ではなかった。革命をへてソ連となったロシアは、共産主義イデオロギーの輸出という点では、共通の脅威であったため、１９１８年以降のシベリア出兵に四大国は共同参加している。ただし革命戦争で疲弊していたソ連に拡張主義的政策をとる余裕がないことは明らかで、軍事的な脅威ではなかった。

シベリア出兵は、むしろ日本がランド・パワーとしての性格も持ち始めたことを懸念させる事件であった。

シベリア出兵の主力は日本軍であ

り、大陸に日本の事実上の占領地域が形成された。日本はアメリカとの間で派兵数を1万2000人とする合意を取り交わしていたが、実際には7万3000の大軍を動員していた。第一次世界大戦の終結で各国の軍隊が撤兵したにもかかわらず、日本軍だけは駐留を続行し、しかも国際合意に反してウラジオストックをこえて進軍し続けた。最終的には、日本の占領地は、バイカル湖西部のイルクーツクにまで拡大した。これは第一次世界大戦時の同盟諸国、特にアメリカに、日本に対する懸念を持たせるのに十分な事態であった。

第一次世界大戦後の東アジア情勢は、主要なランド・パワーが存在しない中、本来はシー・パワー連合の一翼を担っていただけであったはずの日本が、大陸における権益を拡張することによって展開した。日本は、いわばマッキンダー理論にしたがってシー・パワー連合を重視するかのように振る舞いながら、実際には主要なランド・パワーの消滅によって生まれた力の空白を奇貨として大陸における拡張主義政策をとったのである。結果として、日本は拡張主義的なランド・パワーであるかのような国となり、他のシー・パワーの不信を買う事態を招いた。

日本にしてみれば、ヨーロッパ列強の大陸での行動に倣って自国の権益を確保しているだけのつもりであっただろう。あるいは人口増大に悩みながら、大陸に新たな移民先を見出そうとした日本の行動を促したのは、アメリカにおけるアジア移民の制限でもあった。

しかしいずれにせよ、日本のランド・パワーとしての行動は、第一次世界大戦後に新しい国際秩序を形成しようとしていたアメリカを中心とする諸国に、国際秩序への挑戦者としての日本を警戒させるものであった。力の空白に引き寄せられるように韓国を併合し、シベリアを占領していった日本は、自国の行動が持つ含意に無自覚的であった。マッキンダー理論にしたがってあくまでもシー・パワーとして行動する島国であり続けるか、あるいは拡張主義的政策をとる新たなランド・パワーとして自国の勢力圏を確立していくのか、という二者択一的な政策の選択を、日本の政策当局者に強いることになった。

1929年に世界恐慌が始まって各国がいわゆるブロック経済圏の確立を目指すようになった後の1930年に開催されたロンドン海軍軍縮会議において、日本、アメリカ、イギリスの間で、補助艦船の建造を制限する軍縮条約が結ばれた。補助艦保有量を対米英6・975割とする案で条約締結に踏み切った政府に対して、野党や軍部が国内で引き起こした議論が、いわゆる統帥権干犯問題であった。

すでに1928年不戦条約の締結の際に、「人民」の名において戦争を違法とする条約を締結した政府は大日本帝国における天皇大権を干犯した、という議論が巻き起こっていた。ロンドン海軍軍縮条約は、このような日本国内の統帥権干犯を主張する勢力をさらに強める効果をもたらした。

1931年に発生した満州事変は、日本を東アジア最大のランド・パワーとすることを画策する軍部の勢力によって引き起こされた事件であった。これに対して国際連盟は、1933年2月の臨時総会で、42対1で日本の満州撤兵勧告案を可決した。アメリカは、不戦条約違反によって作られた現実を追認することは決してせず、満州国を承認することは決してしないというスティムソン・ドクトリンを打ち出していた。国際連盟を脱退した日本は、1933年以降、対米協調主義も放棄する外交政策をとっていった。そして1936年にはロンドン海軍軍縮条約からも脱退した。

日本の国内で、対米強硬派の勢力が強まった。それによって、アメリカとの対立も辞さない外交政策が追求されるようになった。そして日本はシー・パワー連合から離脱し始めた。代わりに東アジア最大のランド・パワーとしての地位の確保が目指された。その後、日本は、大陸でのランド・パワーとしての拡張政策を追求し続け、東アジアにおける自国の勢力圏の確立を目指して大東亜共栄圏構想にひた走り、米英と軍事衝突する第二次世界大戦の惨禍の構造に陥っていった。

いわば日本は、第一次世界大戦後の国際情勢の構造的な不安定を、拡張主義的政策で乗り切る政策判断をした。その政策判断を、地政学理論の観点から描写するならば、日本は自らをシー・パワーとして規定するマッキンダー地政学理論にそって行動することを止めた、ということになる。それはアメリカのアルフレッド・マハンが述べた「いかなる国もランド・パワーであると同時にシー・パワーであることはできない」というテーゼに対する挑戦でもあった。

第8章　大陸系地政学から見た戦中の日本

前章では、日露戦争の時代まで、シー・パワーとしての対外行動をとり続けた明治期の日本と、第一次世界大戦以降の時代にランド・パワーとしての性格を持ち始めた日本の姿を、地政学理論の観点から描写した。

この歴史は、マッキンダー理論の登場以前の時代から、いわば英米系地政学理論の洞察にそって行動していた日本が、やがてその伝統的な姿勢を放棄していく過程として総括することが可能だろう。

本章では、そこでほぼ必然的に発生することになった日本における大陸系地政学への強い関心と、二つの異なる地政学の間の転換で発生したと言える日独同盟締結と対米英戦争の歴史を分析する。

日本における大陸系地政学の到来

国内で統帥権干犯を唱え、ワシントン海軍軍縮条約、不戦条約、ロンドン海軍軍縮条約を通じた政府の一連の対米協調路線を批判し続けた勢力は、マッキンダー理論ではない地政学理論を自然に欲していた。すでに1920年代にチェーレンの著作が翻訳され、その大陸系地政学の理論が「ゲオポリティーク」として日本で紹介され始めていた。

学術研究の領域で、小川琢治《たくじ》や飯本信之らが、有機的国家論を、世界的規模での白人と有色人種の間の対立に結び付けて理解する議論を展開する際に、「ゲオポリティーク」への関心を強めた。その関心は、小牧実繁《さねしげ》や村上次男ら京都帝国大学の皇道主義的な地政学研究者へと受け継がれていく。

軍部とも通じ、しかも多作だった小牧は、『日本地政学宣言』（1940年）、『日本地政学』（1942年）、『世界新秩序建設と地政学』（1944年）などの著作や、「大東亜の地政学的概観」（1942年）、「皇国日本の地政学」（1942年）、「カール・ハウスホーファー論」（1943年）、「大東亜結集の本義」（1944年）などの論文で、「皇戦地誌」の議論を展開し、啓発・啓蒙運動家としても、大きな影響力を持った。小牧は、終戦とともに京都帝国大学を辞職したが、GHQによって公職追放対象に指定され、地政学が日本で禁止された、という印象を広めるのにも一役買った。

また小野塚喜平次《きへいじ》、神川彦松、藤澤親雄《ちかお》といった政治学者の間でも、チェーレンに対する注目が1920年代に広がっていた。特に神川は、有機的国家論に対する関心を、米英主導の国際秩序への不信感につなげる議論を行った人物として、また第二次世界大戦後にもアメリカによる「押し付け憲法」である日本国憲法の無効を唱える国粋主義的議論で存在感を見せた人物として、興味深い位置づけを持つ。

1924年に公刊開始された『地政学雑誌』を舞台にして活発に「ゲオポリティーク」の推進を標榜していたハウスホーファーが、米英主導の国際秩序における日本の外交政策の妥当性という問題意識をふまえて、多くの日本人から注目されるようになったのは、自然な成り行きであった。阿部市五郎『地政治学入門』（1933年）、江澤譲爾《じょうじ》『地政学概論』（1943年）や『国防地政論』（1944年）などは、いずれもハウスホーファーらの大陸系地政学に依拠した内容を持つものだった。

もともとハウスホーファーは、「日本の軍事力、世界における地位、将来に関わる考察」という題名の1913年提出の博士論文を執筆したことなどからわかるように、日本に強い関心を持つ人物であった。

ドイツの駐在武官として京都に居住していた際には、緑龍会という神道系の秘密組織にも加入していたとされ、神秘主義的色彩が強く、金融資本を警戒する国際政治の陰謀論にも通じる人脈との交流もあったと言われている。ハウスホーファーは、思想的に、日本の国粋主義的勢力と通じる独特の性向も持っていた。

ハウスホーファーの地政学理論にしたがえば、ドイツ、ロシア、日本が、ユーラシア大陸を三つの勢力圏に分けてそれぞれの勢力圏を保持する。それによって、米英主導の国際秩序にくさびを打ち込む。統帥権干犯問題を論じ、米国協調主義的な外交政策を批判していた日本の軍部・右派勢力にとって、ハウスホーファー理論は、マッキンダー理論に代わる外交政策理論の支柱となりうるものであった。1933年の国際連盟脱退以降、いわばシー・パワー連合の同盟体制から離脱した大日本帝国にとって、西太平洋・東アジア地域における日本の生存圏を認めるハウスホーファーの議論は、特に魅力的なものであった。大陸での拡張主義的政策を模索する軍部の中の勢力だけでなく、国家総動員体制と国家統制経済を推進する革新官僚の中にも、ハウスホーファーに代表される有機的国家観を基調とする大陸系地政学への関心を強める者たちが現れた。

1918年の論文「英米本位の平和主義を排す」などで軍部からの評判も良く1937年に首相に就任した近衛文麿は、ブレーン機関である昭和研究会のメンバーたちと親しかった。その昭和研究会の代表的論客であった東京帝国大学法学部の蠟山政道《ろうやままさみち》は、大東亜共栄圏構想に大きな影響を与えた1938年の論文「東亜協同体の理論」において、ハウスホーファーの地政学に着目していた。同じように地政学の観点から大東亜共栄圏構想を論じたものに、小牧実繁の一連の著作や、西村眞次《しんじ》『大東亜共栄圏』(1942年)などがある。1940年代初頭に鎌倉一郎のペンネームで精力的に執筆活動を行った企画院の毛里英於菟《ひでおと》は、ハウスホーファーを引用しながら、満州国あるいは東亜共栄圏の建設を通じて、米英の旧勢力のシー・パワーと決別することを説いた。アジア主義を標榜した石原莞爾が、白人世界の代表者であるアメリカと有色人種の代表者となる大日本帝国の間の衝突を論じた『最終戦争論』を公刊したのは、1940年であった。

1933年に国際連盟から脱退し、1936年にはロンドン海軍軍縮条約からも脱退して、シー・パワー連合であるワシントン体制から離脱していた大日本帝国は、1936年に日独防共協定を結び、ナチス・ドイツとの連携を模索しながら、1937年の日中戦争を開始していく。ドイツとの同盟条約の締結は、1939年の独ソ不可侵条約によって動揺させられるが、1940年の日独伊三国同盟によって確立された。そして日本は、1941年に米英に対する奇襲攻撃によって太平洋戦争を開始していく。

このようなマッキンダー理論からの逸脱と言わざるを得ない大陸における拡張政策、ヨーロッパの大陸国家との同盟関係、そして他の海洋国家との軍事的衝突は、ハウスホーファーに代表される大陸系地政学「ゲオポリティーク」を理論的支柱とする動きと連動していた。

戦後の地政学のタブー視とドイツ思想受容の伝統

第二次世界大戦が終結すると、ドイツではハウスホーファーが戦争犯罪人としての嫌疑をかけられた。日本においても、ハウスホーファーの地政学理論を参照しながら大東亜共栄圏を推進していた人々は、戦争犯罪人としての嫌疑をかけられた。

アメリカが主導するＧＨＱが、大陸系地政学を、日本の対外的拡張主義の理論的基盤となった危険な思想と見なしていたことは間違いない。日本人の間でも、ハウスホーファーの系統の地政学の受容が、対外的な拡張主義を正当化する軍国主義と結びついていたことを反省する議論が起こった。そのため戦後の日本では、ハウスホーファーとともに広がっていたゲオポリティークとしての地政学をタブー視する傾向が生まれた。

すでに見たように、これは拡張主義の基盤となった大陸系地政学に関してのみ該当する歴史的事実である。ＧＨＱがマッキンダー理論を警戒した経緯はない。ただそもそも戦前の日本において、地政学といえば、ハウスホーファーに代表されるゲオポリティークのことであった。そのため、戦後の日本では、地政学と名のつくもの全てが、怪しい危険思想としてタブー視されるようになった。

実際の戦後日本の外交安全保障政策は、スパイクマン地政学理論によって補強されたアメリカとの間の安全保障条約を基盤とするものに刷新された。大陸系地政学を嫌い、英米系地政学によって理論的基盤を再構築する動きだったと言ってよい。しかし地政学はタブーだという風潮が広まると、逆に語られていない地政学の理論に基づいた外交安全保障政策が、秘密の理論への信奉に基づくものであるかのように見えることになった。

この地政学と戦後日本の外交安全保障政策をめぐる微妙な関係は、憲法学者らを中心とする知識人層の間における根深いアメリカへの不信感によって、さらに複雑な様相を呈することになる。憲法9条を根拠として主張された非武装中立主義の傾向すら持つ平和主義が「表の国体」である「顕教」で、日米安全保障条約に代表される外交安全保障政策が「裏の国体」である「密教」であると語られるようになった。その際、本来であれば日本の外交安全保障政策の理論的基盤と言ってもいい英米系地政学の理論ですら、「密教」として、表では語られない教義であるかのようにみなされることになった。

もともと日本の学界では、アメリカの思想の伝統に対する研究関心は薄弱であった。代わりにヨーロッパの影響が根強く、特に憲法学のような法学においては、ドイツ思想の影響が顕著であった。

そのような学問分野では、国家有機体説に代表される大陸系地政学の思想的伝統が強く、反米主義的なイデオロギー的傾向も顕著になりがちだった。そのため、実務における密教としての「裏の国体」と、学界における顕教としての「表の国体」が、矛盾を抱え込みながら、併存していく状況が、長く続いたのであった。

第9章　戦後日本の密教としての地政学

第二次世界大戦後のアメリカの外交安全保障政策は、スパイクマンの地政学理論によって、明快に説明される。それはマッキンダー理論を修正発展させた理論であったが、アメリカにとっては西半球世界という地理的範囲を持っていたモンロー・ドクトリンの論理を、世界的規模で適用する冷戦期のトルーマン・ドクトリンへと修正発展させていくために必要な理論であった。スパイクマンによって、アメリカは世界的規模で展開する自国の外交安全保障政策の基盤となる地政学理論を手に入れた。

スパイクマン理論は、マッキンダー理論と同じように、アメリカをシー・パワーとして位置づけたうえで、ランド・パワーの拡張主義を封じ込める政策の重要性を強調する。特筆されるのは、ユーラシア大陸の外周部分にあたるリムランドの帰趨である。

この地域が特定のランド・パワーの勢力圏になってしまえば、アメリカは大陸へのアクセスを欠いてしまうだけでなく、やがては周縁の島国として封じ込められていってしまうだろう。この認識にそって日本の地理的位置づけを考えれば、大陸に近接する島国としてリムランドに位置するシー・パワーとしての重要性が見えてくる。実際のところ、スパイクマンは、既に戦時中から、将来の日本との連携は、アメリカの世界戦略にとって大きな重要性を持っていると考えていた。

スパイクマン地政学と日本国憲法

第二次世界大戦後にアメリカは、二重の仕組みで、自国の外交安全保障政策に、日本を招き入れた。

実際にはソ連との交渉が必要になったが、基本的にはポツダム宣言履行プロセスの終了にあたって締結されたサンフランシスコ講和条約の結果、日本は国連加盟国として迎え入れられた。国連憲章第7章の集団安全保障を想定した国連（連合国）中心の安全保障体制に加入した。ただし集団安全保障だけでは自国の安全保障に十分ではない。

そのため日本は、国連憲章第51条が定める集団的自衛権を根拠にした同盟体制にも加入した。それが日米安全保障条約体制である。このアメリカと日本を結ぶ二つの安全保障制度のうち、二番目の集団的自衛権を根拠にした日米同盟体制は、マッキンダーとスパイクマンの理論にそって構築されたシー・パワー連合であると言える。

まずアメリカは、戦争を終結させたポツダム宣言の履行プロセスを通じて、日本の占領統治にあたり、日本の国内制度のみならず外交政策を刷新させ、日本を国際的な集団安全保障体制に組み込ませた。

今日の視点で言えば、日本が国連の加盟国であることなどは、取るに足りない当然の事柄であるように感じられるかもしれない。しかしかつて大日本帝国が国際連盟を脱退し、国際秩序に挑戦する侵略国家としての道を歩んでいった経緯を考えると、日本を連合国が形成する国際安全保障体制に組み込むことは、1945年当時において決して軽視できない重要な政策目標であった。

日本と連合国との間の戦争は、連合国が発したポツダム宣言を、日本が国家行為として正式に受諾調印したことで、終結した。そのポツダム宣言には、日本が戦争指導者を追放したうえで「自由で責任ある政府」を新たに樹立するまで連合国が占領を続けることが規定されていた。

アメリカ、イギリス、中華民国は、「無責任ナル軍国主義カ世界ヨリ駆逐セラルルニ至ル迄ハ平和、安全及正義ノ新秩序カ生シ得サルコトヲ主張スル」立場から、「新秩序カ建設セラレ且日本国ノ戦争遂行能力カ破砕セラレタルコトノ確証アルニ至ルマテハ聯合国ノ指定スヘキ日本国領域内ノ諸地点ハ吾等ノ茲ニ指示スル基本的目的ノ達成ヲ確保スルタメ占領セラルヘシ」と要求した。

「諸目的カ達成セラレ且日本国国民ノ自由ニ表明セル意思ニ従ヒ平和的傾向ヲ有シ且責任アル政府カ樹立セラルルニ於テハ聯合国ノ占領軍ハ直ニ日本国ヨリ撤収セラルヘシ」とも明記されている。終戦に伴って始まった連合国の占領体制は、日本国内制度及び外交政策の諸改革を断行させて「日本国国民の自由に表明せる意思に従い平和的傾向を有し且責任ある政府」を樹立することが、目的だった。

広範に誤解されているが、ポツダム宣言は、国家としての日本の無条件降伏を要求したものではない。無条件降伏は、大日本帝国軍に対して要請されている。日本の軍部が国際秩序を攪乱して対外的軍事拡張主義の政策を主導し、数々の戦争犯罪を行った主体であるという認識から、平和的で責任ある政府の樹立にあたっては、その大日本帝国軍の解体が必須とされた。

だが日本国の政府は、ポツダム宣言にそった改革が施される対象であり、ポツダム宣言を国際義務として受諾した日本国の代表者として改革の実施者でもあった。このため日本の占領では、日本側の政府機構が残存する間接占領体制が採用された。大日本帝国軍の解体と、日本の自衛権を行使する組織（自衛隊）の放棄は異なる、という連合国側の認識を、いまだに日本人の多くが誤解しているのは、そもそもポツダム宣言の内容を誤解しているからでもある。

このポツダム宣言の趣旨にそって、憲法典も全面的に刷新されることになった。大日本帝国憲法が残存する限り、「日本国国民ノ自由ニ表明セル意思ニ従ヒ平和的傾向ヲ有シ且責任アル政府カ樹立」されることはないと考えられたからである。

新たに制定された日本国憲法は、その前文において、「平和を愛する諸国民の公正と信義に信頼して、われらの安全と生存を保持しようと決意した」と謳っている。GHQ作成の憲法草案の日本語に先立つ英文では、この文章は、「we have determined to rely for our security and survival upon the justice and good faith of the peace-loving peoples of the world」となっている。1945年に制定されていた国連憲章の第4条1項、「国際連合における加盟国の地位は、この憲章に掲げる義務を受託し、且つ、この機構によってこの義務を履行する能力及び意思があると認められる他のすべての平和愛好国（peace-loving states）に開放されている」との対応関係を示している。日本国憲法前文が謳っているのは、いずれ日本は他の連合国とともに国連加盟国となり、集団安全保障体制を信頼して安全保障政策をとっていく、という決意であった。

「平和を愛する諸国民」とは、さらに言えば、第二次世界大戦中の連合国を指す言葉であった。連合国（United Nations）が、国連という組織（United Nations Organization）を作ったのである。そのため、日本国憲法前文は、連合国との同盟関係を通じた安全保障体制を信頼する、との考え方も内包していた。

もともとは「平和を愛する諸国民（peace-loving peoples）」の概念は、1941年8月にアメリカ大統領フランクリン・ローズベルトとイギリス首相ウィンストン・チャーチルが会談し、戦争の目的を明らかにするために発表した「大西洋憲章」で用いられたものだ。現在の国連の公式ウェブサイトには、大西洋憲章が、国連の基本理念を表現した文書であることが説明されている。加えて、NATOという軍事同盟組織の公式ウェブサイトにも、大西洋憲章が、NATOの理念的淵源を表現していることが説明されている。

1941年8月、すでにナチス・ドイツと交戦状態にあったイギリスと、イギリスを強力に支援していたアメリカの首脳は、自国と同盟国を「平和愛好国」と呼び、将来の平和愛好諸国による国際安全保障体制の構築を目標として掲げるため、以下のように宣言した。

「両国ハ、世界ノ一切ノ国民ハ実在論的理由ニ依ルト精神的理由ニ依ルトヲ問ハズ、強力ノ使用ヲ抛棄スルニ至ルコトヲ要スト信ズ。陸、海又ハ空ノ軍備ガ自国国境外ヘノ侵略ノ脅威ヲ与ヘ、又ハ与フルコトアルベキ国ニ依リ引続キ使用セラルルトキハ、将来ノ平和ハ維持セラルルコトヲ得ザルガ故ニ、両国ハ一層広汎ニシテ永久的ナル一般的安全保障制度ノ確立ニ至ル迄ハ、斯ル国ノ武装解除ハ不可欠ノモノナリト信ズ。両国ハ又平和ヲ愛好スル国民(peace-loving peoples)ノ為ニ圧倒的軍備負担ヲ軽減スベキ他ノ一切ノ実行可能ノ措置ヲ援助シ及助長スベシ」

つまり、日本国憲法前文で日本が信頼の対象としている「平和を愛する諸国民」とは、歴史的に言えば、米英両国を中心とする第二次世界大戦中の連合国(United Nations)のことである。ポツダム宣言の履行を確証するために日本を占領していた諸国である。これらの「平和を愛する諸国民」は、すでに1945年に国連憲章を制定し、その第1条1項で謳った「国際の平和と安全の維持」をはじめとする国際社会の目的と原則を確認し直していた。そしてその目的と原則を守るための一般的安全制度を、国連憲章第7章が規定する集団安全保障と個別的及び集団的自衛権として、導入していた。「平和を愛する諸国民」とは、法律の文言上の定義で言えば、国連憲章が定める目的と原則を遵守し、その目的と原則の維持のために尽力する諸国民のことである。

日本国憲法が前文で示しているのは、以下のような理解である。

新憲法が国内諸制度を刷新し、日本が国連憲章を中心とする国際法秩序を遵守する国に生まれ変わった時には、ポツダム宣言にのっとって占領が終了する。それは日本が国連憲章体制を受け入れ、国連加盟国として国際の平和と安全の維持のために行動する国になることを意味する。それは、米英を中心とする第二次世界大戦中の連合国と相互信頼の関係を培い、共通の目的と原則を持って協働する、ということでもある。

日本国憲法は、1920年代に試みられたが挫折した国際連盟やワシントン体制のような国際制度の中で、国際秩序の維持に貢献する日本というビジョンを謳っている。そしてそのビジョンの実現に最も強い関心を持っていたのは、アメリカであった。

スパイクマン地政学と日米安全保障条約

ただし国際連合の組織的枠組みは盤石ではない。大国の離脱を防ぐために、第二次世界大戦の戦勝国には、安全保障理事会の常任理事国としての地位と拒否権が与えられた。冷戦が始まって米ソ対立が顕在化すると、安全保障理事会の機能不全は恒常的なものとなった。ただしそれは国連憲章体制の終焉ではない。安全保障理事会が機能しない事態を予測していた国連憲章の起草者たちは、憲章第51条で個別的及び集団的自衛権を定め、安全保障理事会の関与を必須としない国際安全保障体制の合法性も明確化した。

ポツダム宣言履行プロセスの完遂点である占領体制の終了にあたって、日本は、サンフランシスコ講和条約を連合国の諸国と締結したが、同時に日米安全保障条約をアメリカとの二国間条約として締結した。その1951年日米安全保障条約は、次のような前文で始まっている。

「平和条約は、日本国が主権国として集団的安全保障取極めを締結する権利を有することを承認し、さらに、国際連合憲章は、すべての国が個別的及び集団的自衛の固有の権利を有することを承認している。

これらの権利の行使として、日本国は、その防衛のための暫定措置として、日本国に対する武力攻撃を阻止するため日本国内及びその附近にアメリカ合衆国がその軍隊を維持することを希望する。

アメリカ合衆国は、平和と安全のために、現在、若干の自国軍隊を日本国内及びその附近に維持する意思がある。但し、アメリカ合衆国は、日本国が、攻撃的な脅威となり又は国際連合憲章の目的及び原則に従って平和と安全を増進すること以外に用いられうべき軍備をもつことを常に避けつつ、直接及び間接の侵略に対する自国の防衛のため漸増的に自ら責任を負うことを期待する」

ここでは、集団安全保障、集団的自衛権、個別的自衛権の三層の国際的な安全保障制度が、矛盾なく連続性を持って併存しうることが、自明視されている。日米安全保障条約それ自体は、集団的自衛権の位相で、日本の安全保障を確保するためにとられる措置である。日米安全保障条約が代表する集団的自衛権に基づく措置は、国連の集団安全保障と、日本独自の個別的自衛権の不足を補う形で機能することが期待されている措置である。

このスパイクマン地政学理論にそった形で締結された日米安全保障条約は、地政学理論が、普遍的な集団安全保障や、個々の国家の個別的自衛権と、併存しうることを示している。国際法か地政学か、あるいは集団安全保障か集団的自衛権か、という二者択一の問いは、ここでは現実離れしたものでしかない。日本が加入した国際安全保障体制においては、マッキンダーを受け継いだスパイクマンの地政学理論は、国際法の諸原則から成り立つ法秩序の内部に取り込まれうるものであった。

イデオロギー対立の中の日本の外交安全保障政策

このように戦後の日本の外交安全保障政策は、国際法の制度的枠組みを前提にしながら、それとは矛盾しない形でスパイクマン理論にもそった同盟関係をアメリカとの間で構築するものであった。国際組織から離脱し、アメリカとの関係維持にも失敗して破局を迎えた第二次世界大戦の歴史を反省し、日米同盟を基軸にしながら国際協調主義をとっていくための外交安全保障政策であったと言ってよい。

だがこの仕組みは、日本国内のイデオロギー対立の中で、正しく認識されてきたとは言えない。

歴代の日本政府は、外交安全保障政策の仕組みを正面から説明するというよりも、左派勢力との政治的協調を保つことを優先させた。この傾向は、繰り返される左派系の大衆政治運動にもかかわらず高度経済成長を果たした1960年代以降に顕著になった。自民党の政府も、右派的イメージを持つよりも、左派の野党勢力と協同していくことを好んだ。「安保ただ乗り」とも揶揄されたアメリカ依存の外交安全保障政策が、経済優先の日本の国策に合致すると信じられ、アメリカとの同盟関係に懐疑的な野党勢力との談合によって国会運営を進めていく政治文化が常態化した。「核持ち込み」と「基地自由使用」の密約を介して達成した1972年沖縄返還を花道にして佐藤栄作首相が退陣すると、代わって首相となった田中角栄は、外交安全保障に関心を持たない人物であった。沖縄返還の5ヵ月後、田中角栄政権の政府は、集団的自衛権の行使を違憲とみなす政府見解を公表した。

もし日本が集団的自衛権を全く行使しないのであれば、日米安全保障条約は、空虚な絵空事となる。しかしベトナム戦争などに巻き込まれる懸念を強く持っていた当時の日本政府は、起草者の意図に反した日本の憲法学の憲法解釈を根拠にして、日米安全保障条約の空虚化の危険を甘受しようとしていた。当時の日本人の間では、マッキンダーやスパイクマンの地政学の発想は、希薄になり始めていた。しかしそれに応じて、アメリカの日本に対する視線は厳しいものになっていった。

もちろん、左派系の勢力の国内政局における存在感が高まる中、一部の言論人の中には、英米系地政学の観点から戦後日本の外交安全保障政策を擁護する動きも見られた。

1964年に高坂正堯《こうさかまさたか》が発表した論文「海洋国家日本の構想」は、日本を海洋国家と定義するところから国家戦略を構築しようとしている点で、マッキンダー理論の系譜に属する世界観を持っていた。その後、倉前盛通『悪の論理：地政学《ゲオポリティク》とは何か』（1977年）、岡崎久彦『戦略的思考とは何か』（1983年）、曽村保信『地政学入門：外交戦略の政治学』（1984年）などが、マッキンダー理論の強い影響を受けた視座で国際政治を論じて、影響力を放った。

これは現実の政治の流れとも符合していた。1980年代の中曽根康弘政権の時代は、日米同盟の再強化の時代であった。ベトナム戦争によって大きな痛手を負ったアメリカの国力の相対的な低下を受けて、日本の努力による同盟体制の強化、あるいは自由主義陣営の強化の必要性が高まった時代でもあった。

日本の防衛努力と国際秩序維持への貢献が求められる流れは、冷戦終焉後の1990年代に一層高まった。日本側がアメリカの期待に応えられない構図で、日米同盟の「漂流」が語られるようにもなった。

１９２０年代と同様に、日米両国の共通の仮想敵が消滅あるいは存在感を低下させていた時期でもあった。戦前の過ちを繰り返さないために、日米双方の政府関係者による日米同盟の深化の努力が行われることになった。１９９６年には「日米安全保障共同宣言」が合意され、いわゆる「日米同盟再定義」が進められることになった。翌１９９７年には、日米両国政府は、作戦運用面における協力の具体的な要領を示す新たな「日米防衛協力のための指針」(新「ガイドライン」)に合意した。

２００１年の９・11テロ後にアメリカがアフガニスタンのタリバン政権を崩壊させた国際情勢の中で、日本は「テロ特措法」を成立させ、インド洋に自衛隊を派遣して米軍などを支援するための給油活動にあたらせた。２００３年イラク戦争の後にも、「イラク特措法」を成立させ、民生支援を目的にした自衛隊のイラク派遣を行った。これらはいずれも日米同盟維持の観点から進められた政策であったと言ってよい。

再び同盟が漂流するのは、「東アジア共同体」構想を推進しようと画策しながら、沖縄米軍基地問題でアメリカとの間の軋轢《あつれき》を深刻化させた２００９年以降の民主党政権の時代であった。

民主党政権に代わって２０１２年に成立した第２次安倍晋三政権は、まず平和安全法制の成立に尽力した。その最大の目的は、日米同盟の強化であった。集団的自衛権の解禁を達成した2015年平和安全法制の成立を通じた日米同盟の強化は、その後の安倍政権の「自由で開かれたインド太平洋」構想や、インドとオーストラリアを呼び込んだ「クアッド」の連携の構築を進める積極的な日本外交に、大きく寄与した。

こうした最近の日本の外交安全保障政策を見ていると、マッキンダー／スパイクマンの英米系地政学理論の示唆にしたがって、日米同盟の強化にあたる政権が、着実な成果を出しているという印象が強い。

もちろんその大きな理由の一つは、ハウスホーファーの大陸系地政学理論にそった形で進めた日独同盟と大東亜共栄圏建設の路線が破綻した後、英米系地政学理論にそって国内制度の改革と、外交安全保障制度の再構築が図られた歴史にある。

時々の政権が、白紙の状態で外交安全保障政策をとっているのではない。すでに作られている枠組みを、隠蔽するか、強化するかの分かれ道で、強化する政策のほうが効果を出してきているだけである。すでに制度的枠組みが確立され、70年以上にわたって運営されてきている外交安全保障政策であれば、それを維持しながら漸進的に発展の余地を探していく姿勢のほうが合理的であることは当然である。

今後も日米同盟は、日本の外交安全保障政策の基盤であり続けるだろう。それはアメリカ側にとっても同じである。現代世界において太平洋を挟んで隣り合う日本とアメリカという二つの「シー・パワー」の同盟は、英米系地政学の命運を左右する意味を持っている。

第４部　地政学から見た現代世界の戦争

第1部で、二つの異なる地政学が鋭く対立していることを説明し、第2部で、ヨーロッパの国際政治を題材にして、そのことを歴史的に検証した。さらに第3部では、二つの異なる地政学の視点で、日本の歴史を捉え直す分析を試みた。第4部では、さらに現代世界の諸地域の武力紛争の状況を、二つの異なる地政学理論の観点から検討する。

まず第10章で、現代世界の武力紛争の状況を概観する。その際に、二つの異なる地政学の視点がどのように関わってくるのかを整理する。

第11章では、さらに各地域の状況を、二つの異なる地政学の視点から分析していくことを試みる。

第12章では、二つの異なる地政学の視点が、世界的規模での国際政治の構造とどのように結びついているのか、そしてどのような政策的含意を示しているのか、に関する視座を提供する。

第10章　現代世界の武力紛争の全体構図

英米系地政学は、ランド・パワーとシー・パワーの世界的規模での対立構造を強調する。注意すべきは、これは全体的な対立構造のことであり、いつも両者の間で実際の武力紛争が起こる、ということまでは意味しない点だ。たとえば二つの世界大戦において、米英諸国と、ロシア（ソ連）は同盟関係を結んで、ドイツを封じ込めた。大陸中央部で覇権を狙う国家が現れた際には、シー・パワー連合とハートランド国家は協働して封じ込めにあたる可能性がある。ただその場合であっても、武力紛争は、ランド・パワーとシー・パワーの利益が深く関わる中間地域で展開していく。

英米系地政学の見取り図の基本は、拡張主義をとるランド・パワーに対して、その覇権を封じ込めるシー・パワー連合の形成に合理性が見出される、ということだ。だがそれはあくまでも長期的な国際情勢の全体動向に関する傾向である。個々の具体的な武力紛争は、さらに具体的な事情に応じて、発生する。英米系地政学が示す構造的な全体動向をふまえて武力紛争の傾向を見るならば、とりあえずまず洞察できるのは、紛争はリムランドで多発する、ということである。

大陸系地政学は、世界をいくつかの圏域に分化して把握する視点を基本とする。西半球世界は一つの圏域として扱われたうえで、ユーラシア大陸及びその周辺地域が、複数の圏域に分かれていることが自然であると考える。複数の圏域の盟主は、それぞれの生存圏／勢力圏／広域圏を相互に認め合うことによって、安定した国際政治の構造を作り出すかもしれない。

他方、生存圏／勢力圏／広域圏の境界線をめぐっては、争いが絶えない傾向が生まれるだろう。自らの生存圏／勢力圏／広域圏の確保を主張する行動が、他の圏域から見れば明白な拡張主義政策である事態は、頻繁に起こり得る。

ある圏域の盟主の力が著しく増大した場合には、拡張主義的政策が他の圏域の脅威となる。逆にある圏域の盟主の力が著しく低下した場合には、圏域の境界線には「力の空白」の状態が生まれ始め、不安定化の要因となる。

大陸系地政学が実際の武力紛争の分析に対して与える視座の基本は、紛争は圏域の境界線付近で多発する、ということである。

二つの異なる地政学のそれぞれの信奉者たちが、世界観の違いから対立を深めることは起こり得る。だがそのことも含めて、分析の視座として活用するのであれば、一般論として二つの異なる地政学のどちらが本当に正しいのかと思い悩みすぎる必要はない。二つの異なる地政学は、具体的な状況で、様々な程度の関連度を見せながら、複合的な分析の視座を提供する。

20世紀の武力紛争の傾向

世界的規模での現代の武力紛争の構図を概観するにあたり、とりあえず冷戦終焉後の過

類型別に見た武力紛争の数の推移（1946～2021年）

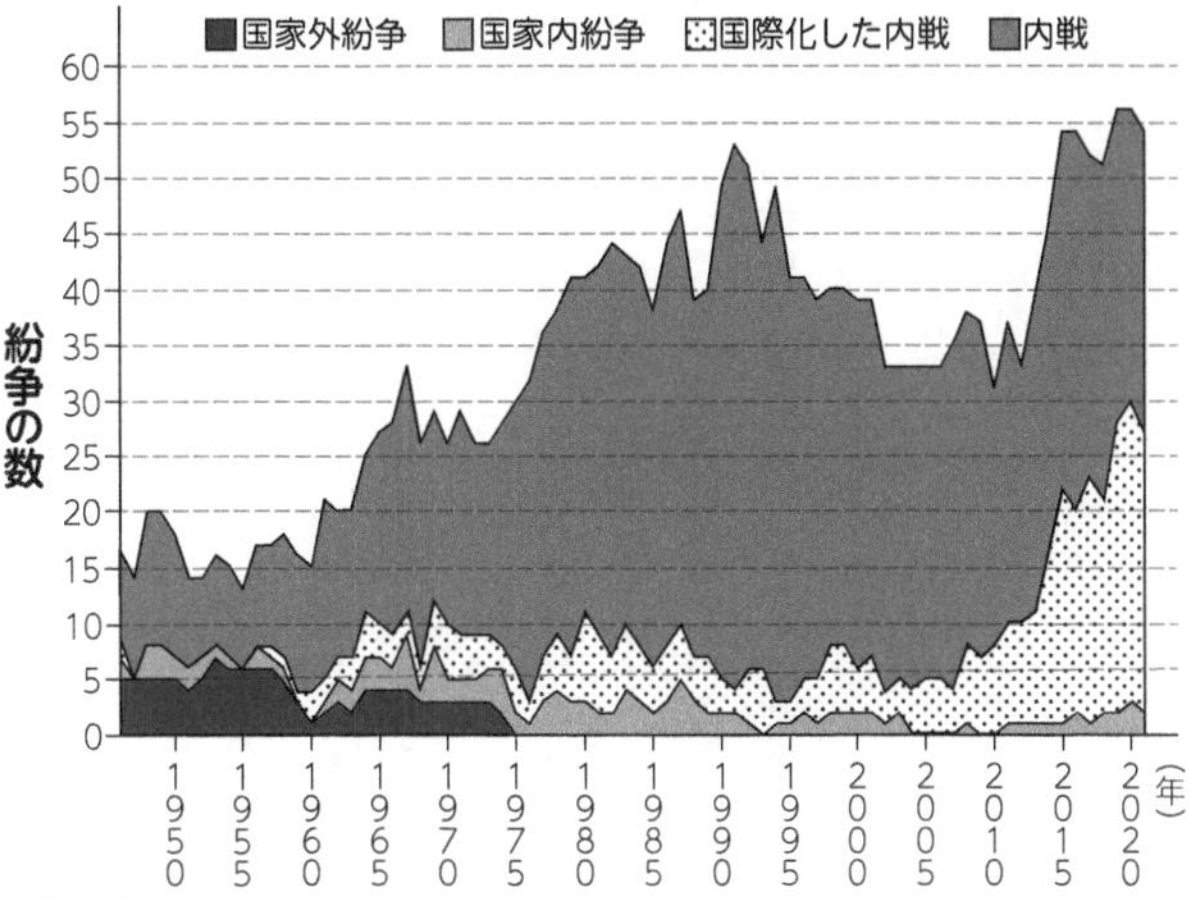

出典:UCDP

去30年ほどの傾向を概観してみたい。

よく知られているように、冷戦終焉後の時代は、非常に武力紛争の数が多い時代である。もっともしばしば誤解されているが、冷戦終焉後に急に武力紛争の数が増えた、あるいは内戦が増えた、と言うことには、あまり根拠がない。

第二次世界大戦以降、武力紛争の数は基本的に増加し続けている。冷戦終焉によって急に増えたとまでは言えない。また、第二次世界大戦以降の時代の武力紛争のほとんどが、内戦としての性格を持っている。武力紛争数の増加と、そのほとんどが内戦である傾向は、統計的に整備されたデータが存在している第二次世界大戦以降の時代の全期間を通じて、一貫してあてはまる観察である。

なぜそのような傾向が生まれているのか。これは国際社会の構造から、かなり大局的な説明ができる。

脆弱《ぜいじゃく》な統治機構しか持たない新興独立諸国の数が増え、内戦の数が増えたのである。20世紀の武力紛争が、新興独立諸国が集積しているアジア・アフリカで特に顕著に発生してきている傾向からも、読み取ることができる。

第一次世界大戦までのバランス・オブ・パワーを秩序維持原理とする大国支配の国際政治では、小国は大国に併合されていくことが多く、国家の数は減少し続ける傾向が顕著であった。国家の数が増加に転ずるのは、帝国の崩壊を、民族自決原則に基づく小国の独立を認めることで受け止めた第一次世界大戦以後の時代においてである。

一度目の世界大戦の後、ドイツ帝国、オーストリア・ハンガリー帝国、オスマン帝国が崩壊し、数々の新興独立国が旧領地に生まれた。二度目の世界大戦の後には、国力を衰退させた大英帝国とフランス帝国が瓦解していき、その他のヨーロッパ諸国の植民地地域も脱植民地化の流れの中で、新興独立国となっていった。

冷戦の後には、ソ連が崩壊し、ソ連を構成していた各共和国が独立した。国連加盟国は1945年の設立当初は51ヵ国であったが、現在では193ヵ国にまで増えている。ほとんどは第二次世界大戦後の数十年の間に脱植民地化の流れの中で独立国となった新興国だ。これらの諸国は、統治体制が万全とは言えないなかで独立国となっているので、どうしても内戦を生み出しやすい脆弱性を持っている。もちろん国内民族構成や国境線の位置、あるいは強権的な統治の文化などに関して、植民地時代からの弊害を受け継いだまま独立してしまったと言わざるをえない面もある。

民族自決原則を普遍的に適用し、一度独立した地域には主権平等と武力行使禁止の原則を一律に適用していく国連憲章体制は、国家間紛争を防ぐことに優先順位を置き、内戦の防止を主眼としたものとは言えない。安全保障理事会では、常任理事国として拒否権を持つ五大国の間の大国間戦争を防ぐ制度的措置が、逸脱できない枠組みとして固定されている。20世紀以降の国連憲章体制が作り出した国際的な安全保障体制は、どうしても大国間戦争を防ぎ、何とかして国家間戦争を防ぎ、できれば国家内の紛争も防ぎたい、という考え方で成立している。

冷戦終焉後の武力紛争の傾向

この大局的な傾向をつかんだうえで、さらに冷戦終焉後の世界の実情を見てみよう。

１９９０年代の前半に、武力紛争の数が顕著に増加した。この背景に、ソ連の崩壊をはじめとする旧共産主義諸国の政治体制の変動と、冷戦下には超大国による庇護に国家運営を依存させていた諸国の統治体制の動揺があることは、確かである。

1990年代前半の武力紛争は、たとえばユーゴスラビア連邦共和国の領域で発生したボスニア・ヘルツェゴビナの紛争などの旧東欧圏の紛争、モルドバ、チェチェン、タジキスタンにおける紛争のようにソ連の崩壊に伴うロシア内外の境界線地域での紛争、そして冷戦終焉後の体制間競争に動機づけられた国際的な援助の枯渇によって脆弱性の度合いが増したリベリアやシエラレオネのような諸国の紛争によって代表される。これらは明らかに広範な影響を引き起こした冷戦終焉とくくられる現象の余波を受けて発生した武力紛争であった。

冷戦終焉の影響は、本来であれば、時間がたてば、低減化していくはずである。実際に、1990年代後半以降に武力紛争数は減少を見せ、2000年代は比較的少ない数で抑え込まれていた。国際社会の紛争解決の活動の成果に楽観的な見方が広がった時期でもあった。ところが武力紛争数は、2010年代になってあらためて顕著に増加の傾向を見せ始める。現在は、歴史的に見ても、非常に武力紛争の数が多い時代である。

冷戦終焉直後に一時的な武力紛争数の増加を見せたヨーロッパ地域は、その後は落ち着きを取り戻した。それが2000年代の比較的平穏な時代にもつながった。ただし201

地域別に見た武力紛争の数の推移(1946〜2021年)

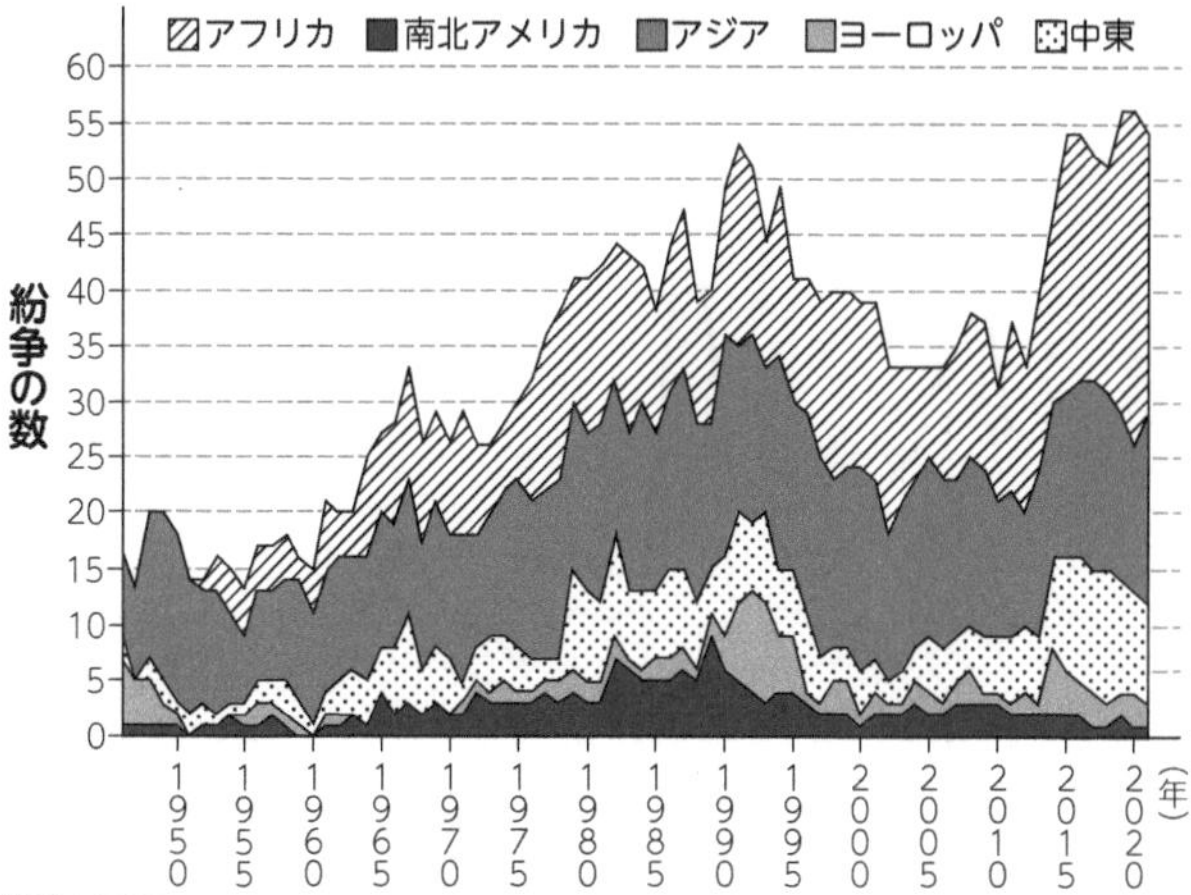

出典:UCDP

4年以降のウクライナや、ナゴルノ・カラバフのようなコーカサス地方の争乱は、2000年代の傾向を逆転させ、旧ソ連外周部分の不安定性を見せつけた。

なお東南アジアと南部アフリカは、冷戦時代の争乱状態から比べると、冷戦終焉以降の時代には落ち着きを見せてきている。冷戦構造の反映で発生していた代理戦争型の武力紛争が、むしろ冷戦終焉に伴って終息したからである。ただしこれらの地域でもまだ武力紛争は散発しており、特にミャンマーやモザンビークの状況は深刻である。

2010年代以降の大幅な武力紛争数の増加には、アラブの春の余波を受けた北アフリカから中東にかけての地域の数

地域別武力紛争犠牲者数の推移(1989〜2021年)

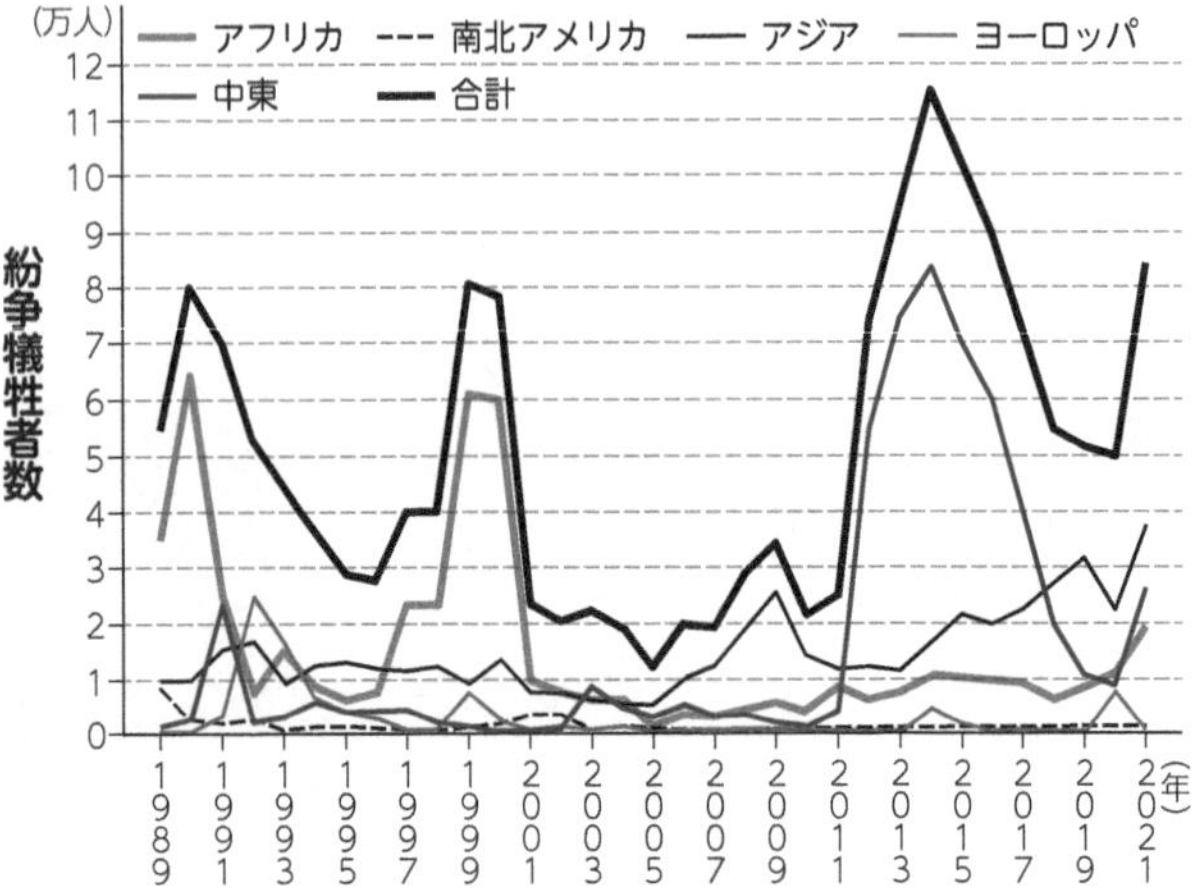

出典:UCDP

多くの諸国の統治体制の動揺が、大きく関わっている。

犠牲者数の推移を見ても、2010年代は中東が大きく犠牲者数を押し上げた。一貫して紛争が多発しているのは、中東・北アフリカから、東は南アジア、西はアフリカのサハラ砂漠の南側の帯状の地域であるサヘル/アフリカの角《つの》地域である。南アジアから西アフリカに連なる地域が、現代世界の武力紛争が多発しているベルト地帯である。

個々の武力紛争には、個々の個別的な事情がある。複数の武力紛争が全く同じ性質を持っていることなどは、ありえない。

ただし、それぞれの時代の政治状況が

作り出す大きな傾向が地域的な傾向ともあわせて存在するとすれば、大きな構造的な事情はあるかもしれない。過去数十年にわたって、世界のほとんどの武力紛争が、紛争多発ベルト地帯と呼ぶべき帯状の地域で発生しているとすれば、そこに何らかの共通の構造的事情があると仮定することは妥当だろう。

紛争多発ベルト地帯の地政学的性格

紛争多発ベルト地帯には、いくつかの顕著な特徴がある。

たとえば、社会文化の観点から見ると、それがイスラム圏の領域と重なっていることがわかる。これは「対テロ戦争」という世界的規模の紛争構造と結びついている事情であると考えられる。また紛争多発ベルト地帯は、人口増加率が際立って高く、武力紛争に動員されやすい若年の経済的不安定層が数多く存在している地域でもある。

複合的な要因が積み重なって、地理的に偏差がある構造的な事情が発生してきていると言うべきである。それにしてもよりいっそう地理的条件に注意を払って見てみるとき、紛争多発ベルト地帯の特徴を、どのように把握できるだろうか。

すでにマッキンダーは古典的な地政学の観点から、今日の紛争多発ベルト地帯の歴史的なつながりについて論じていた。マッキンダーがユーラシア大陸の中央部を指して作った

「ハートランド」と呼ぶ地域には、現在のロシアだけでなく、中央アジア諸国やアフガニスタンが含まれていた。マッキンダーは、あえてロシアだけでなく、中央アジア諸国やアフガニスタンの領域も、ハートランドに入れた。ハートランドとは、海上交通路が乏しい大陸の深奥部としての性格を持つ地域だ、という定義づけにしたがった措置だろう。この「世界島」の中央部を意味するハートランドは、外界からの侵入者を遮断する閉ざされた場所としての性格を持ち、「歴史の地理的回転軸」となる。

ユーラシア大陸のハートランドに対して、アラビアをはさんで存在しているとされたのが、アフリカ大陸のサハラ砂漠の南側の「南のハートランド」である。サハラ以南の河川は、外洋と切り離されており、「二つのハートランドは、緯度の非常な違いにもかかわらず、驚くほど似た特徴をそなえている」。「ハートランドとアラビアとサハラの三者が一帯となって、船乗りの人びとにとっては接触が不可能な、非常に幅の広い湾曲したベルトを構成している」。

海上交通路から切り離された大陸の深奥部において、古くから人々は馬やラクダなどの動物の動力を用いて、移動をしてきた。そのとき「アラビアの砂漠をとりかこむステップは、北から南のハートランドに行くための通過地帯の役割をはたして」きた。

マッキンダーは、もともとユーラシア大陸とアフリカ大陸をあわせて「世界島」と呼ぶ

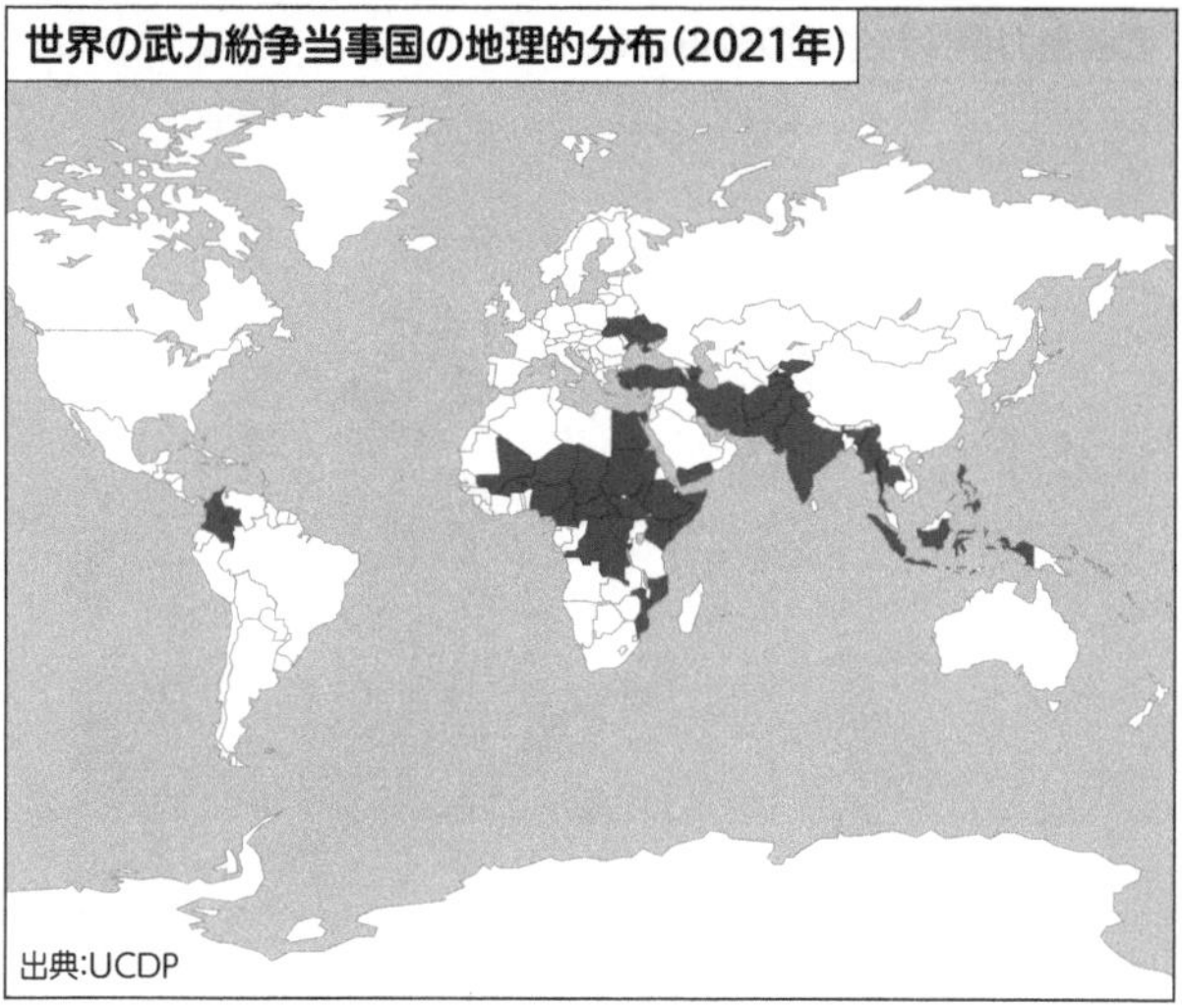

概念構成を持っていた。その観点から言えば、ユーラシア大陸のハートランドと南のハートランドは連動して、いわば世界島のハートランドと呼ぶべき地帯を形成していると言うこともできるだろう。

今日のアフガニスタンからサヘルにかけて広がる紛争多発ベルト地帯は、この世界島のハートランドと呼ぶことができる地域に広がっている。このベルト地帯の人々は、独特の歴史的なつながりによって結ばれている。同時に、このベルト地帯は、ヨーロッパやアジア、あるいはさらなる外的世界から広がる秩序に、容易には吸収されない。

現代世界の紛争多発ベルト地帯の混乱の背景に、国境をこえた人的移動を自然

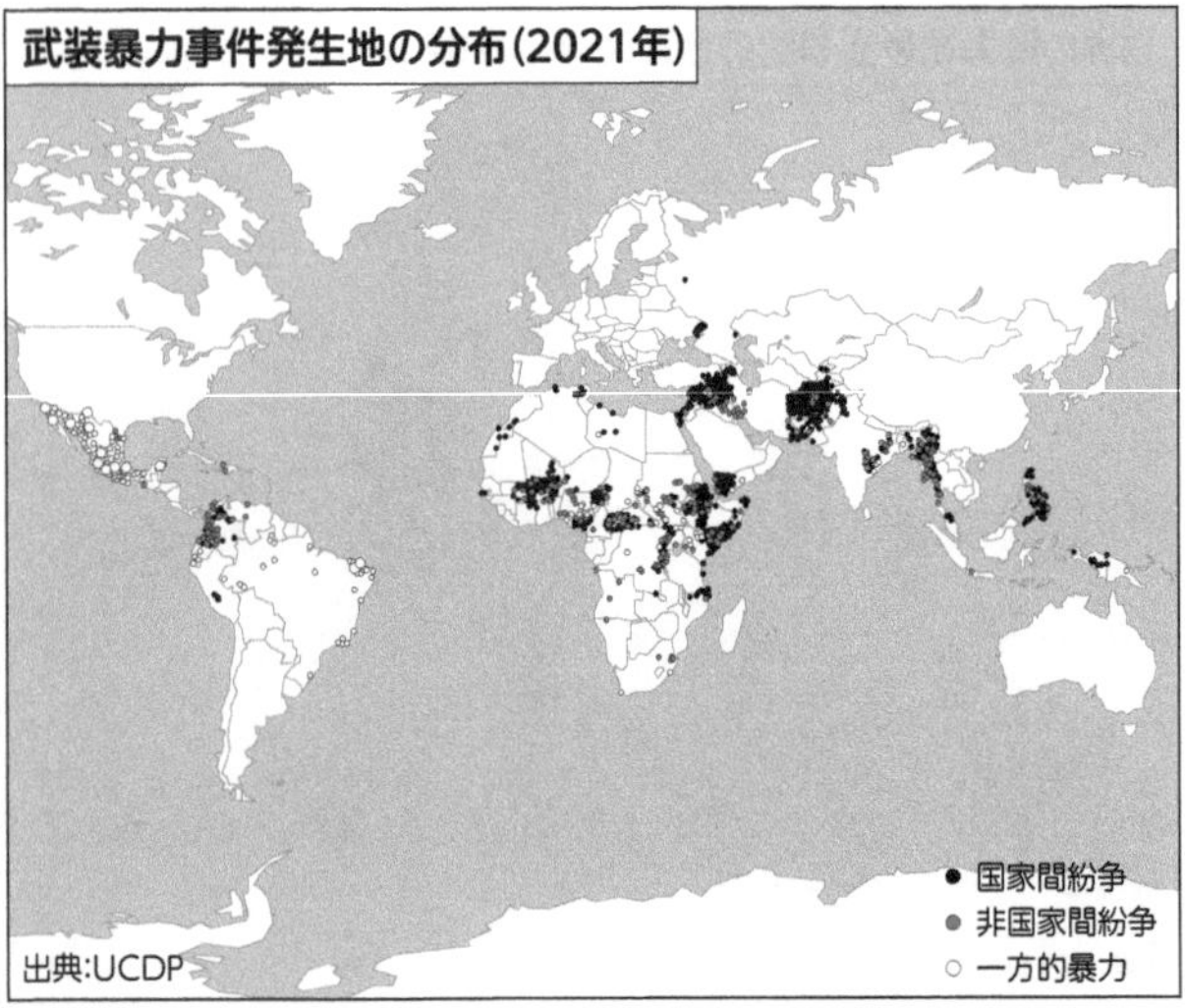

なものとする南アジア、中東、サヘル／アフリカの角に特有の地理的環境と、蓄積された歴史的な人的ネットワークの存在があると考えるのは自然である。

なお天然資源の存在も地理的条件の中に加えるのであれば、紛争多発ベルト地帯を形成する中東やアフリカの諸地域が、石油あるいは希少天然資源に恵まれた地域であることも指摘しておくべきかもしれない。

天然資源に依存した社会構造は、紛争の温床になりやすい。武力紛争を通じた資源の収奪が容易だからである。また天然資源に依存するレンティア国家の経済体制は、パトロン・クライアント関係に基づいた縁故主義的な運営に陥りやすく、社会契約論に基づいた立憲主義的な制度を確立しにくい。一般に天然資源依存型の権威主義体制は、民主的制度に基づいた抑制がききにくいことも、武力紛争につながりやすい要素であると考えられている。

英米系地政学から見た現代世界の紛争の構造

このような地政学上の特徴を持つ紛争多発ベルト地帯の事情を、さらに英米系地政学の視点から見てみると、どうなるだろうか。

まず気づかされるのが、このベルト地帯にそって展開してきたのが、21世紀の「対テロ戦争」だったことである。テロリストとの戦いには、地理的境界線がないと言われる。したがって対テロ戦争は、グローバルに進展するとされた。もし本当にそうだとすると、対テロ戦争を地理的観点から見ることは不可能であるようにも思われる。しかし現実には、対テロ戦争の震源地は中東・南アジアであり、それがサヘルに広がった。その他の地域にテロリストがいないわけではないが、その政治的・軍事的様相は、全く違う。

対テロ戦争の時代の本格的な幕開けは、2001年9月11日のテロ攻撃に対する自衛権発動として、シー・パワーの雄であるアメリカが、アフガニスタンに侵攻したときであった。今日からみれば、ハートランドと中東との隣接地点に位置するアフガニスタンは、対テロ戦争の歴史を回転させる「回転軸」であった。その後アメリカは、２００３年のイラク戦争で中東の中核国を占領統治するという大胆な行動をとり、対テロ戦争の勝利を通じた中東の民主化の目標を進めた。

しかし結果として、中東全域を混乱に陥れただけでなく、その余波が、砂漠、山岳、海によって外界からの影響を遮断しながらも相互に連動しているアフリカのサヘル地域や、さらに南アジアのイスラム圏諸国などに飛び火していく現象を引き起こした。２０２１年8月には、アメリカが、アフガニスタン・イスラム共和国政府の崩壊とタリバンの権力奪取を許す屈辱的な形で、アフガニスタンから完全撤退した。

結果から見れば、アメリカは「世界島のハートランド」の奥底深く介入しすぎた。もしアフガニスタンとイラクに大規模な米軍を駐留させ続け、しかもアメリカの傀儡《かいらい》政権を持つ国家を作り出すことに成功してしまっていたら、アメリカの行動は英米系地政学の観点からは大きな逸脱を見せるものとなっただろう。

かつて１９３０年代に大日本帝国の満州国樹立が日本の国家の性格を変えてしまったように、シー・パワーであるアメリカの「世界島のハートランド」における大規模な軍事プレゼンスは、シー・パワーとしてのアメリカの性質に大きな変質をもたらしてしまう。

確かに、20世紀半ばから現在に至るまでアメリカは、ドイツや韓国などの大陸に属する国々にも軍事プレゼンスを維持し続けている。しかし、それらのユーラシア大陸外周部の事例の歴史的経緯や地理的条件は全く異なる。「世界島のハートランド」のイスラム圏に、数万単位で駐留するアメリカ軍の存在は、歴史的に見て極めて冒険的なものであった。

なぜアメリカはそこまで深く軍事介入し続けてしまったのか。21世紀初頭のアメリカの力の圧倒的な卓越性や、新保守主義のアメリカ単独主義の思想の影響など、複合的な要因を指摘することができる。

だがより地政学的な視点で分析すれば、シー・パワーであるアメリカが「世界島のハートランド」の勢力の拡張主義を封じ込める構図にそって行動しているうちに、歯止めが緩んだことを把握しなければならない。イスラム過激派テロ組織の勢力の「世界島のハートランド」からの拡張を恐れ、アメリカは積極的な軍事介入を行った。そしてその拡張主義を防ぐための予防行動として大規模な駐留を続けてしまった。結果的に言えば、それは非常に苦い教訓をアメリカに与えた。

冷戦時代に共産主義勢力の拡張主義を恐れて、深くベトナムに介入しすぎて大きな痛手を被ったのと同じように、アメリカは冷戦終焉後時代にイスラム過激派テロ組織勢力の拡張主義を恐れて、深く中東に介入しすぎて大きな痛手を被った。その行動の論理は、基本的には、英米系地政学の理論にそったものであった。

アメリカ軍の海外展開(2021年9月現在)

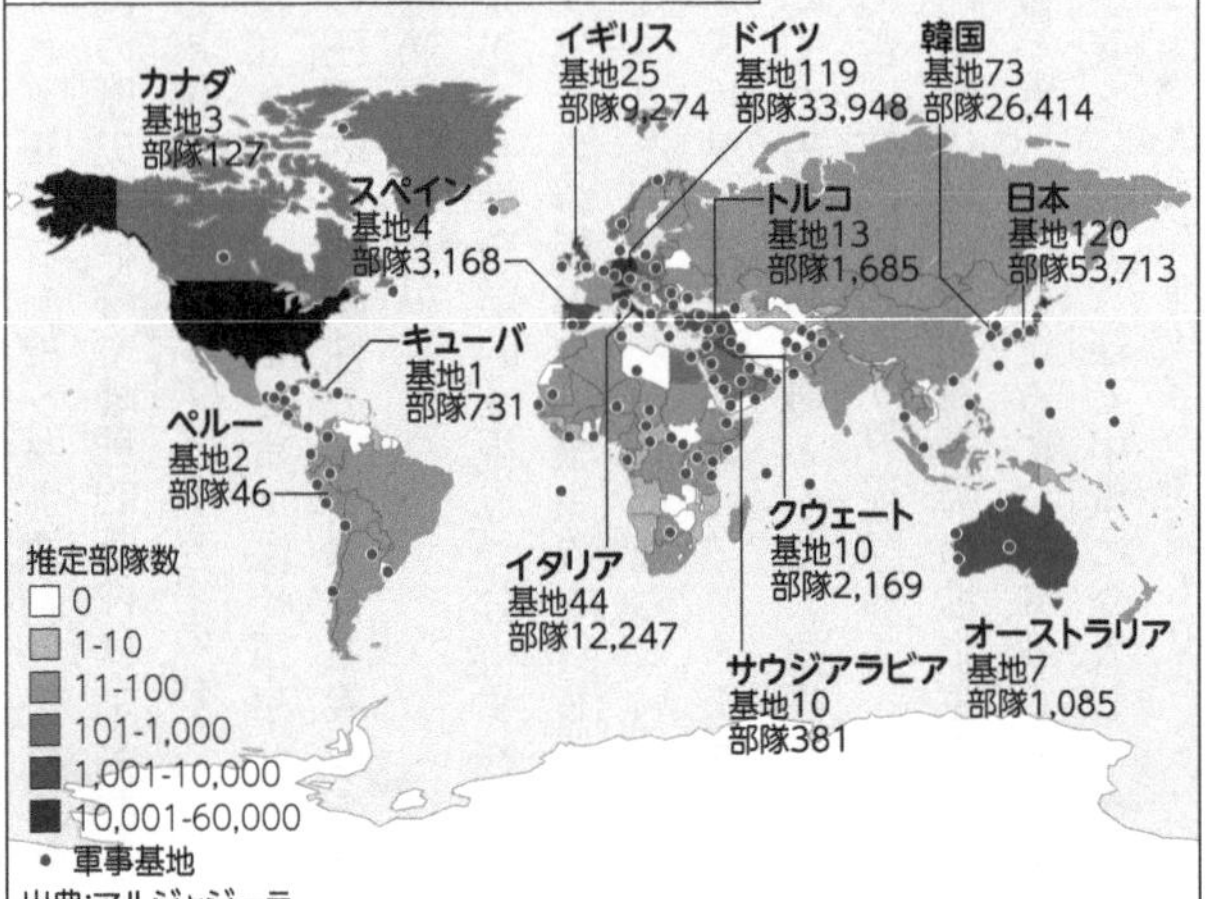

出典:アルジャジーラ

ただし封じ込め政策が転じて大陸領域の占領政策に陥るとしたら、それはシー・パワーによるランド・パワーの封じ込めの範囲をこえ、英米系地政学の理論から見ても逸脱になり始める域に達してしまう。こえてはならない介入のレッド・ラインは、見極めは困難ではあるが、やはり常に存在しているはずだ。

対テロ戦争を通じてアメリカが作り出した武力紛争の構図は、2021年8月のアフガニスタンからの完全撤退によって終わることなく、現在でも続行中である。

アメリカによるテロリスト掃討を目的にした軍事作戦ですら、中東において、アフリカの角において、サヘル地域において、ソマリアのアル・シャバブを含むアル・カイダ系諸組織やＩＳＩＳ系諸組織に対して、規模は小さくなっているが、継続されている。これは英米系地政学から見た対テロ戦争の論理、つまりイスラム過激派テロ組織の拡張主義を封じ込めるという論理にしたがって、継続されている。

大陸系地政学から見た現代世界の紛争の構造

大陸系地政学は、第二次世界大戦以降、影響力を減退させた。アメリカとその同盟国が中心になって形成された国連憲章体制と呼ばれる戦後の国際秩序は、大国間紛争を防ぐための常任理事国の拒否権制度を取り入れながら、生存圏／勢力圏／広域圏のような圏域的な地域ブロックの考え方を警戒する内容を持っている。

地域的な連携は、国連憲章第51条の集団的自衛権や第8章の地域的取極に依拠する制度で、推奨された。これらは小国を含む加盟国の独立を前提にしたうえでの制度的連携である点で、むしろ大国の勢力圏の拡張に対する防波堤として機能することが期待されている。大国の非公式な生存圏／勢力圏／広域圏の拡大は、武力行使禁止、民族自決、主権平等、内政不干渉の諸原則により、警戒されている。

しかし数多くの地政学の議論の中で自明視されていたように、ロシアの拡張主義の結果である帝国主義的存在としてソ連の存在を捉えるのであれば、そしてワルシャワ条約機構はソ連の東欧諸国の衛星国化の仕組みであったとすれば、冷戦時代を通じてロシアの勢力圏は維持され続けていたことになる。

実際のところ、事実上ロシア共和国を盟主として他の共和国を従属的な位置に置くソ連内部の仕組みや、加盟国の共産政権維持のために民衆運動の鎮圧にソ連軍が用いられたハンガリー動乱やプラハの春の事例を見るならば、冷戦時代の共産陣営側に大陸系地政学の発想が残存していたと言うことは可能である。

この大陸系地政学の視点では、冷戦構造とは、かつてハウスホーファーが洞察した世界の四つの圏域のうち、西半球の盟主であったアメリカが、自国の勢力圏をヨーロッパ圏域と東アジア圏域に拡張させたことによってもたらされた二極構造だったということになる。ロシアの勢力圏は、ソ連それ自体として、あるいは共産圏として、ユーラシア大陸中央部から中東とアフリカに伸びる「世界島のハートランド」で拡張を見せたうえで、拡張されたアメリカの勢力圏と対峙した。

このような大陸系地政学の視点に立つと、東欧の共産主義政権の崩壊と、プーチンが「20世紀最大の地政学的悲劇」と呼んだソ連の崩壊は、アメリカの勢力圏がさらに拡大してロシアの勢力圏を侵食する事態のことであった。

ドゥーギンによって代表される「ユーラシア主義」の地政学理論にしたがえば、この由々しき事態は一時的な混乱から立ち直ったロシアの力が回復していくにつれて修正されなければならない。グローバル化の名を借りたアメリカの覇権主義は、汎ユーラシア主義の拡張を通じた圏域の復活によって、是正されなければならない。ここにロシアのウクライナ侵攻に象徴される旧ソ連外縁部における紛争の構図が生まれる。

このような見方をとると、たとえばアメリカ・ファーストの合言葉で反グローバル主義の立場をとったトランプ大統領と、プーチン大統領の間に、ある種の親和性があったかのように見えた理由が判明してくる。

反グローバル主義の思想それ自体は、ロシアだけでなく世界各地で見られる。そのため、ロシアのウクライナ侵攻にあたっても、親露派と呼ばれる人々が、日本を含めた各国で現れた。反グローバル主義者とは、二つの異なる地政学の視点に立つと、大陸系地政学の世界観を持つ者のことである。そのためプーチンのロシアは、反グローバル主義の世界観を公然と表明し、その世界観に基づく対外行動を繰り返すことによって、反グローバル主義運動の指導者となり、支持基盤を取り付けることも狙えるようになるのである。

対テロ戦争は、英米系地政学の論理に沿ったアメリカの積極的な対外行動によってもたらされた。しかしユーラシア大陸の旧ソ連外縁部における一連の紛争は、大陸系地政学の発想に沿ったロシアの拡張主義的な対外行動によってもたらされている。この違いを見極めることなく、雑駁《ざっぱく》に混同してしまうならば、現代世界の紛争の構図を見通すことはできないだろう。

第11章　世界各地域の紛争の構図

本章では、現代世界の紛争の構図について、地域ごとの特徴を捉えていく。具体的には、アフリカ、中東、アジア、ヨーロッパを取り上げ、それぞれの地域の特徴に応じて二つの異なる地政学がどのように関わってくるのかを問いかけながら、分析を進めていく。

アフリカの紛争の構図

既に述べたように、アフリカでは、アフリカの角からサヘルにかけてのベルト地帯を中心に、広い範囲で武力紛争が発生している。この背景に、脱植民地化の運動によって生まれた新興独立諸国の統治体制の脆弱性という基礎的事実があることは、前章で指摘したとおりである。

さらに英米系地政学の観点からは、イスラム過激派テロ組織の勢力が広範に拡大して武

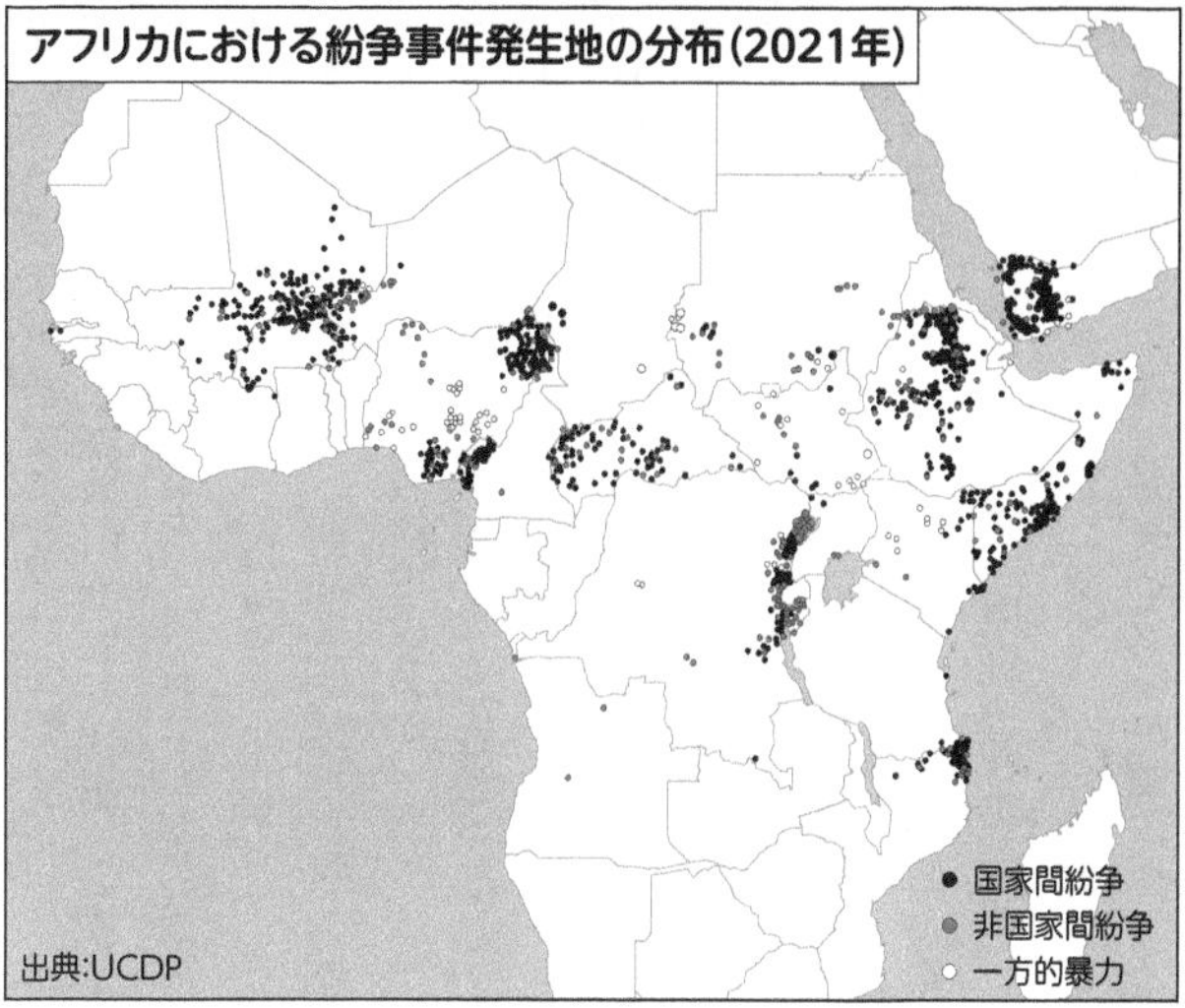

力紛争が発生し、悪化している近年の傾向に関心が注がれることになる。「世界島のハートランド」からのテロ活動の拡張は、防がなければならないからである。

加えて大陸系地政学の観点からは、自らの勢力圏を主張する覇権的な国家が存在していない大陸において、勢力圏をめぐる争いが発生している様子が強調されるだろう。

サヘルの北側に存在する広大なサハラ砂漠をどう捉えるかは、地政学理論における一つの問いだろう。

ユーラシア大陸の北極と同様に、サハラ砂漠は天然の交通遮断地域となり、南のハートランドを形成している、と言える。英米系地政学のマッキンダーの見方である。だが現実には、砂漠を横断した交通は存在している。違法な取引や人の移動となれば、サハラ砂漠はむしろ非常に重要なルートだ。その点を重視すると、砂漠はむしろ海洋に類似している、とも言える。そこに人間の生活共同体は存在しない。しかし共同体の間を結ぶ交通は存在する。

そうなると砂漠は、海洋と同様に、勢力圏を区分する天然の境界線となっているとみなされる。北アフリカはアラブ人のイスラム文化の圏域であり、サブ・サハラ地域はブラック・アフリカ人の圏域であると主張することも可能になる。

サヘルは、土着のアフリカ人の文化とアラブ人の文化が錯綜する地域であり、そこに植民地時代からのヨーロッパ文化の影響も折り重なってくる。アフリカ大陸は、「文明の衝突」の様相を呈する対立構図が、特定の民族集団と固定的に連動せず、存在している地域である。

中東を席巻したアラブの春は、北アフリカのチュニジアから始まった。その後、サハラ砂漠の南側にも、その余波が観察されるようになった。アラブの春による独裁体制の崩壊の後には、各地でイスラム原理主義が台頭した。

たとえばリビアでは、2011年のNATOの介入なども受けた内戦の結果、カダフィ政権が崩壊した後、混乱と分裂が続いている。その中で、ISIS系組織などが暗躍している。リビアの混乱の余波を受けて、アル・カイダ系のテロリスト組織が闊歩するようになったのがマリである。そして、周辺のブルキナファソやニジェールでもイスラム過激派テロ組織の攻撃事件が頻発している。西アフリカではナイジェリア北東部のチャド湖周辺地域で、ボコ・ハラムやイスラム国西アフリカ州（ISWAP）が数々のテロ事件を起こし、さらに政府軍と戦闘を続けながら、相互の衝突も続けている。中央アフリカ共和国では、イスラム主義組織であるセレカ（Séléka）とキリスト教系の武装組織であるアンチ・バラカ（Anti-balaka）との間の対立構図で内戦が激化した。コンゴ民主共和国東部やモザンビークの反政府勢力は、イスラム国中央アフリカ州（ISCAP）と名乗っている。ソマリアのアル・シャバブは、アル・カイダに合流する声明を出したことがある組織である。なおアル・シャバブ掃討作戦を行ってきたエチオピア政府を、ティグライ紛争で支援しているのは中東のUAEやトルコである。

このように中東を起点とする対テロ戦争の構図が、海や砂漠をこえて、アフリカの土着の勢力に影響を与え、広い範囲で武力紛争の温床を作り出している。

アフリカの角やサヘルでは、有史以来の長いアラブ圏との交流がある。たとえばソマリアのアル・シャバブは、イエメンやサウジアラビアとつながりを持ち、アラビア半島からの構成員が自爆テロなどの手法を持ち込んだと言われる。

アデン湾を横断した人的往来は、古くから盛んであった。同じようにサハラ砂漠をこえる移動も、独特の人的交流の発展を生み出してきた。海でも砂漠でも、アフリカの角やサヘル地域であると、厳しい国境管理体制が存在していない。そこで北アフリカからサヘル地域にかけては、国境を越えた犯罪の拡散が非常に深刻な問題となる。また、サヘル地域では、砂漠地帯の広がりにより、従来から国境にとらわれず生活していた遊牧民の生活環境がいっそう悪化し、さらに土地問題を抱える農民層とも対立しがちであるという環境要因がある。

中東・南アジアの紛争の構図

２０１０年代には中東のシリア・イラクという中核的地域において、激しい武力紛争が起こった。中東が激しく長期にわたる武力紛争の地域になったことは、周辺地域にとっても深刻な事態であった。この地域は、黒海やカスピ海のあるコーカサスの動向、さらには紅海周辺の情勢とも連動性が高い。つまりロシアやトルコをはじめとする諸国の影響を受けやすい。また中東の武力紛争の影響は、容易にアフリカへ、そして南アジアへと波及していく。

シリアからイラクにかけての甚大紛争地域は、肥沃な平野部を持ち、文明の歴史が長い

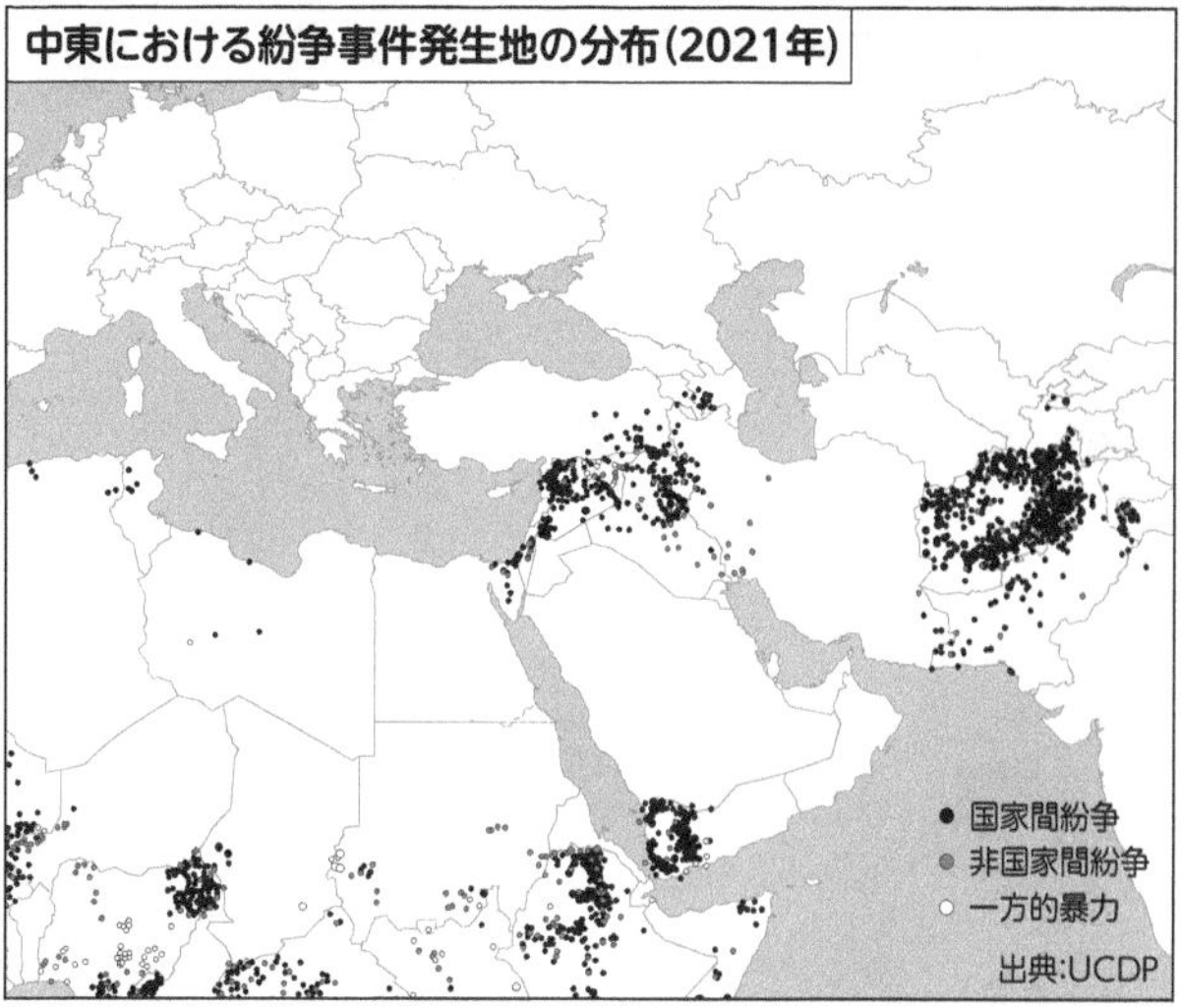

中東における紛争事件発生地の分布(2021年)

イスラム圏の中核的地域である。この甚大紛争地域は、砂漠のサウジアラビアと険しい山岳地帯のイランにはさまれ、さらに海によって囲まれている。スンニ派諸国とシーア派諸国の盟主とも言えるサウジアラビアとイランは、甚大紛争地域をはさみこみ、対立の構図を作っている。

　サウジアラビアの背後にはイエメンの戦争が、イランの背後にはアフガニスタンの戦争がある。サウジアラビアがイエメンとアフガニスタンの政権と近く、イランが反政府勢力側と近いという構図になっている。イランは、シーア派の盟主として、イラクやシリアのアサド政権、レバノンのヒズボラ、イラクの多数派シ

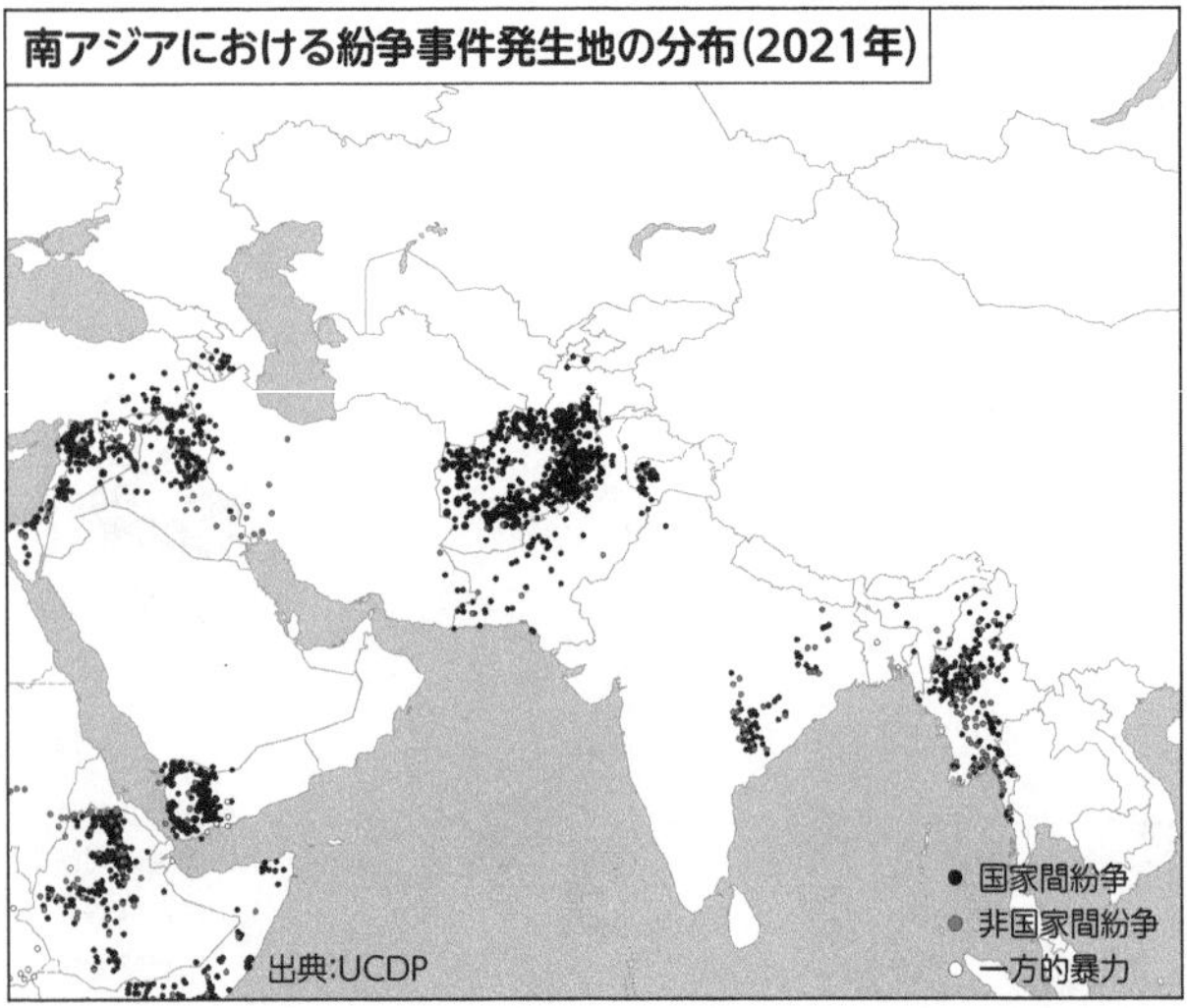

ーア派勢力とつながりを持ち、ロシアや中国とも良好な関係を保っている。

中東の影響を最も受けやすい地域には、南アジアも含まれる。南アジアの武力紛争の中心点はアフガニスタンとパキスタンであり、その紛争の構図の中核にはイスラム原理主義の勢力が存在している。さらにはインドやバングラデシュもイスラム過激派の問題を抱えており、スリランカでもイスラム過激派による大規模テロ事件が発生したことがある。なおイスラム主義勢力による不安定化の要素は、ミャンマーやフィリピンなどの東南アジア諸国にも見られる。

英米系地政学の観点から見ると、中東・南アジアの地理的特徴は、アラビア半島とインド半島という二つの巨大なユーラシア大陸の橋頭堡が存在していることだ。これらの巨大な橋頭堡を、大陸へのアクセス点として確保することは、シー・パワーにとって大きな重要性を持つ。

かつて大英帝国の統治において、英領インドの統治ほど重要な事柄はなかった。20世紀後半には、アメリカがシー・パワーの雄として、リムランドの要であるこれらの地域を重視する政策をとるようになった。結果として、この地域ではグレート・ゲームの構図で、紛争の構図も作られる傾向を帯びた。

非同盟主義を掲げるインドとは疎遠になりがちであったアメリカは、歴史的には、イランとパキスタンとの友好関係の維持に力を傾注した。これはハートランドの帝国・ソ連の南下政策が、インド半島とアラビア半島に及ばないように封じ込めるための政策であった。

１９７９年2月のイラン・イスラム革命でイランが反米国家に転換し、同年12月にはソ連がアフガニスタンへの侵攻を開始した。１９７０年代末のこの地域でのシー・パワーの雄としてのアメリカの劣勢は、アメリカ国内で立ち直りに向けた政策転換の機運をもたらし、１９８０年代のレーガン政権による軍拡路線へとつながった。そして冷戦が終焉していくことになった。

冷戦終焉後、１９９１年の湾岸戦争を契機にして、アメリカはサウジアラビアに軍事拠点を設けることに成功し、中東での軍事的プレゼンスを回復した。アメリカは、もともと中東ではイスラエルを確固たる友好国として持ち、後にイスラエルとの関係改善に動いたエジプトも重視する政策をとってきていたが、１９９０年代には、さらにパレスチナ紛争の終結を目指す調停にあたり、アラブ世界への影響力の浸透を図った。

その後の21世紀の対テロ戦争を通じたアメリカによるアフガニスタンとイラクへの軍事侵攻及び国家建設活動は、結果的には中東におけるアメリカの威信の低下をもたらした。ただしシェール革命によって中東の石油への関心を低下させたアメリカは、現在では必要以上に中東・南アジアに関与する政策をとってきていない。

現在でも、アメリカは、イランに対する警戒心はなくしていない。その理由の一つは、イランがこの地域で拡張主義的政策をとる反米国家だからだと言える。イランがロシアや中国と接近したうえで、中東における覇権的な影響力を行使していくようになる事態だけは防いでいくのが、英米系地政学が導き出す洞察だろう。

なおハウスホーファーの伝統的な大陸系地政学の見方では、イランまではユーラシアの圏域に属するが、イラン以西の中東はヨーロッパ・アフリカの圏域に属するものとされた。つまりは勢力圏の境界にあたるのが中東である。境界線であるがゆえに紛争も発生しがちになるはずである。決定的な大国が存在せず、地域覇権国と呼びうる国も存在しないため、勢力圏をめぐる争いの草刈り場となるだろう。

たとえばアフガニスタンでは、アメリカの勢力が弱まったところで、ソ連が軍事介入をした。ソ連がアフガニスタンから撤退した後、イスラム原理主義を掲げるタリバンが国土の9割を実効支配するようになった。ところが対テロ戦争の開始を告げたアメリカがタリバンを駆逐し、親米的な政府を樹立した。しかし結果として国力を消耗させたアメリカも完全撤退するに至り、再びタリバンが国土を実効支配するようになった。

旧ソ連外周部の紛争の構図

東欧、コーカサス、中央アジアといった紛争地帯に共通している特徴は、旧ソ連を構成する共和国だったが、ソ連崩壊後に独立国となった諸国が立ち並ぶ地域だという点である。その背景にあるのは、ロシアが広範な自らの勢力圏を主張する拡張主義的政策である。

もともとカスピ海および黒海の沿岸地域は、19世紀に南下政策をとるロシアが、海洋覇権を握るイギリスと、さまざまな対立を繰り広げた地域である。

21世紀になってから、ロシアは南オセチアとアブハジアのジョージアからの分離独立を後押しする政策をとり、国家承認も行った。ウクライナに対しては、２０１４年のマイダン革命後にクリミアを併合し、さらにはウクライナ東部ドンバス地方での紛争に事実上の軍事介入を行い、未承認国家を作りだした。

英米系地政学からすれば、ロシアの拡張政策は、シー・パワーが重視する橋頭堡へのアクセス確保に対する脅威となる。大陸におけるシー・パワー連合の勢力圏の拡大は、封じ込め政策として実施される。そのためアメリカ及びその同盟国の政策は、旧ソ連地域でロシアが繰り広げてきた軍事介入には直接介入せず、ワルシャワ条約機構を構成していた東欧諸国を「力の空白」に置き続けることがないようにしながら、NATOを拡大させた。旧ソ連地域を、NATOとロシアの間の緩衝地帯とみなすことは、事実上の暗黙の合意事項であったと言ってよい。

ウクライナの悲劇

しかし、大陸系地政学の観点から見るならば、NATO東方拡大は、ロシアの勢力圏の切り崩しでしかなかった。したがって万が一にも、NATO東方拡大がウクライナなどの旧ソ連地域で発生することは許してはならなかった。

プーチンが激怒したのは、アメリカが支援した民主化運動によってマイダン革命が起こったことだ。民主化支援は、アメリカ側から見ればロシアの勢力圏の切り崩しとは異なる事柄であっただろうが、他方において、プーチンにとっては、暗黙の合意に対する裏切り行為であった。そこでプーチンは、首都キーウがアメリカの勢力圏に入ったとみなし、代わりにクリミア併合と、東部地域の分離主義運動への軍事的加担を行ったのであった。

ただし、ロシアの思い込みによる一方的な領土変更は、国際社会の諸原則と相いれない。したがって当然、NATO構成諸国などが抗議することになる。また、ロシアが介入すればするほど、首都キーウのウクライナ政府関係者をはじめとするウクライナの大部分の地域の人々は、ますます欧米寄りになる。ロシアはいら立ちを募らせた。この連鎖反応によって、2022年のロシアによるウクライナ侵攻が発生した。

第一次世界大戦後のドイツ帝国、オーストリア・ハンガリー帝国、オスマン帝国の崩壊により、中欧・東欧に、数々の新生国家が成立した。これらの国々は、20年後の第二次世界大戦の時点でドイツまたはソ連の侵攻を受けて、ほとんどが一度消滅した。第二次世界大戦後にあらためて独立主権国家として復活したのは、連合国が勝利を収めた後、民族自決などの諸原則があらためて国連憲章体制に組み込まれたからである。

ソ連が崩壊して30年の間、旧ソ連地域では、紛争が絶えなかった。そして遂に2022年には、大々的な軍事侵攻によるロシアの領土拡張政策が、ウクライナに対して行われることになった。確立された国際秩序の力による一方的な変更が、国際社会の大多数の諸国によって認められることはない。

他方において、戦争の終結または停止には、力の均衡が必要である。新たな均衡状態の形は、武力紛争の行方によって決まる。双方が停戦をしたくなったとしても、力の均衡がなければ、戦争は再発する。停戦の状態を維持し続けることができるかの試金石となるのは、継続的な力の均衡状態を維持できるかどうかである。力の均衡状態の有無によって、停戦の持続性が決まる。合意文書の文言ではなく、力による抑止こそがロシアの拡張政策を止める。

NATO加盟国ではないウクライナの安全を保障するための新しい国際的な安全保障体制が求められている。2022年9月に公表された「キーウ安全保障協約」は、それを目指すものだ。ウクライナだけが単独でロシアとの間の力の均衡を見出すのは、簡単ではない。そうだとすれば、国際的な支援体制がなければ、安定は維持できない。

NATO加盟は現実的な選択肢として追求されることにはなる。ただし、戦争当事者としてのウクライナのNATO加盟は、少なくとも短期的には、簡単に実現されない。そこで代替的な国際的な安全保障体制の導入が必要となる。

もちろん当然のことながら、新しい国際的な安全保障体制の構築には、困難が伴う。旧ソ連地域全域の安定は、まだ容易には想定されえない。

第12章　自由で開かれたインド太平洋と一帯一路

現代の国際社会において最も根本的な構造的対立は、米中対立であろう。この対立は、アメリカ側からは、民主主義諸国と権威主義諸国の間の対立としても描写される。中国側からすれば、グローバル化の名を借りた覇権主義と多元主義の対立といった描写がなされるのかもしれない。この対立の構図は、地政学から見て、どのような意味を持っているだろうか。

中国とは何か

中国とは、地政学の観点から見て、どのような国家か。この問いは現代世界において決定的な重要性を持っている。

ところが意外にも簡単には答えられない。ある者は、ランド・パワーの雄だと言う。大陸系地政学の観点からは、アジアの覇権国という位置づけになるかもしれない。

だがたとえばスパイクマンの理論を参照するならば、中国は「両生類（Amphibia）」である。中国は、大陸に圧倒的な存在感を持って存在している一方で、遠大な大洋に通ずる沿岸部を持っている。中国は、歴史上、大陸中央部からの勢力による侵略と、海洋での海賊等も含めた勢力による侵食の双方に、悩まされてきた、「両生類」として生きる運命を持っている国家だとも言える。

かつて二度の世界大戦を仕掛けて敗北したドイツは、ランド・パワーとシー・パワーに挟まれた国家であった。ドイツの帝国としての存在の歴史的淵源は、神聖ローマ帝国にあると言えるが、プロイセン主導でオーストリアを排除する形で19世紀に成立したドイツ帝国は、神聖ローマ帝国と比して、大きく沿岸部にその存在の比重を移動させた国家であった。

そのためやがて、ヨーロッパ大陸における覇権を求めつつ、同時に海洋におけるイギリスとの間の競争に乗り出した。その結果、ランド・パワーのロシアと、シー・パワーのイギリスに囲まれる構図で戦争に突入することになった。同じ図式は、ナチス・ドイツの第二次世界大戦にもあてはまる。

これはドイツの外交安全保障政策の失敗として描写される経緯であるかもしれないが、より構造的には、ドイツ特有の地理的位置づけによってもたらされる事態である。もっともそれはスパイクマンの英米系地政学の理論の枠組みにそって言えることである。

大陸系地政学の理論にそって圏域を重視する視座を採用すれば、ドイツはヨーロッパの覇権国となろうとしたが、拡張主義を警戒されすぎたために、隣接する圏域の覇権国と衝突することになった、という説明になるだろう。

英米系地政学にそって、中国が「両生類」であるとすると、かつてのドイツと同じ地政学上の位置づけにある、ということだ。かつて近代化に後れを取って国家としての存在が危うかった20世紀の中国は、陸上兵力を中心とした軍事力を整備していた。ところが今日の中国は、海軍力の面において目覚ましい進展を遂げている。陸でも、海でも、覇権国としての地位を固めようとしている。大陸系地政学の理論枠組みにそって言えば、中国は、東アジアに自国の生存圏／勢力圏／広域圏を確立することを狙っており、その覇権を陸上においても海上においても確立することを狙っている。

中国には中華帝国の伝統が根強く存在しているとされる。中華思想の特徴は、世界で最も進んだ文明が中国の首都にあり、それが世界の中心として観念されることである。いわゆる朝貢制度とは、中華帝国の威光を知る周辺諸国が、力の格差を確認するために朝貢品を持って中華帝国の首都に参上する制度である。

地域研究の分野で「曼荼羅国家」と呼ばれる領域性が曖昧な性格を持つ国家群が、アジアでは伝統的に存在していたと論じられる。「曼荼羅」はヒンドゥー教の宇宙論に由来する概念で、中心点とそこから同心円状に広がる空間によって政治体の存在が確かめられる場合に「曼荼羅国家」という概念が用いられる。これは一般にはインドや東南アジアの複数の政治権力が併存している場合に用いられるのだが、政治体が、明確な境界線ではなく、中心点で定義される点では、中華帝国も同じような性格を持っていたと言える。

中華帝国もまた、広大な領地を持っていることは確かだとして、ヨーロッパ近代国家のような明確な国境線を持って国家領土が定められていたわけではなかった。圧倒的な力を持つ政治権力があり、その威光が届く限り国家存在が確かめられる。大陸系地政学が生存圏／勢力圏／広域圏と観念するものが、アジアでは歴史的な国家存在の本質である。その典型例が、中華思想に裏付けられる中華帝国の伝統である。

この中華帝国の範囲は、明確な国境線によって制限されず、周辺国との力の格差によって裏付けられた威光の広がりによって確かめられるため、陸上のみならず、海上においても、広がっていく。

東シナ海や南シナ海に存在するとされるいわゆる「九段線」は、現代の国際法が認める中国の国境線とは異なるが、歴史的に中華帝国の威光が海上においても広がっていたとされる範囲を示す。

現代国際法秩序の原則を重視し、英米系地政学を標榜する「シー・パワー」連合が決して認めることはできないが、大陸系地政学の理論にしたがえば、海洋に広がっている歴史

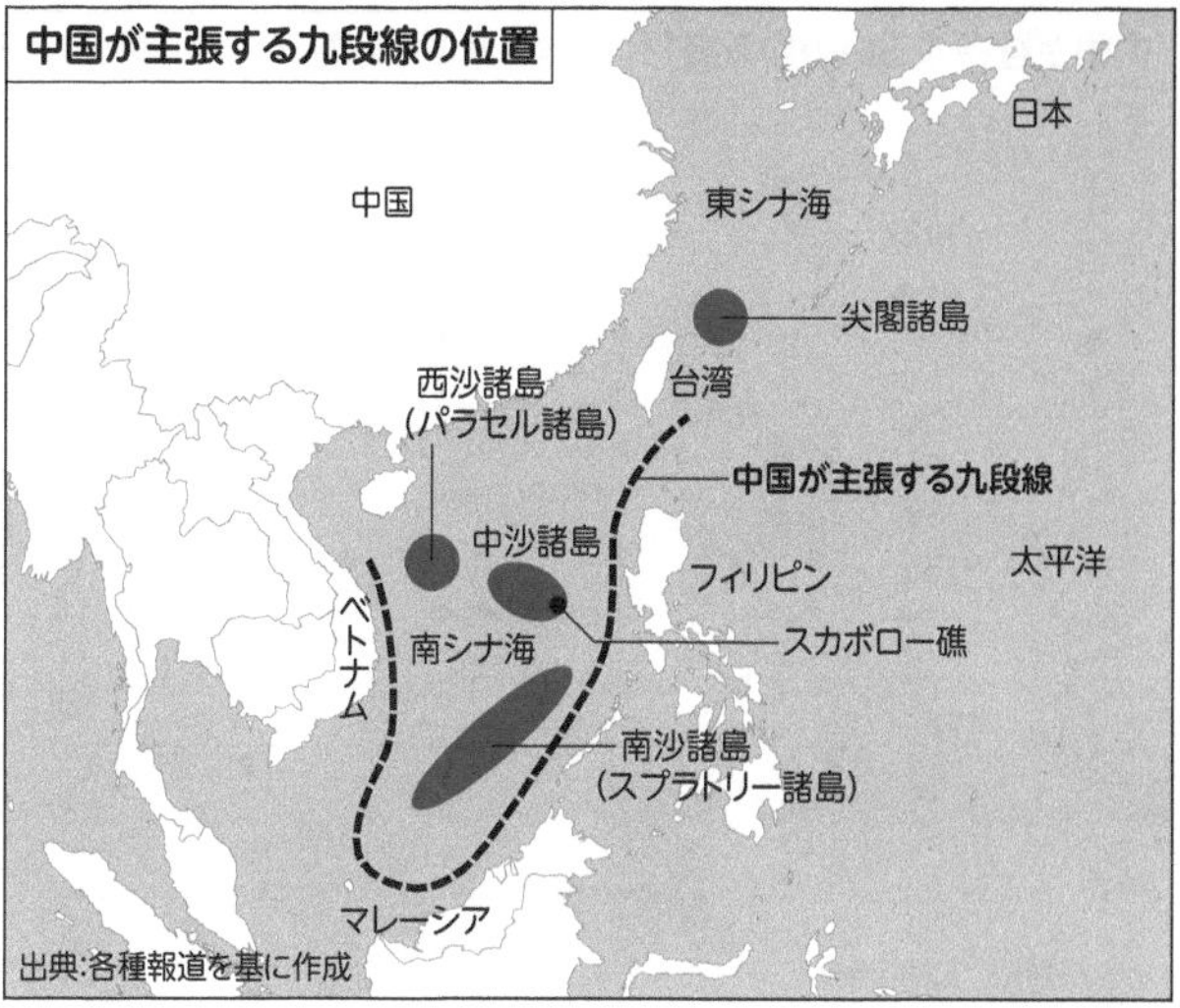

中国が主張する九段線の位置
出典:各種報道を基に作成

的な中華帝国の生存圏／勢力圏／広域圏がありうるのである。

このような中華思想の伝統を受け継ぐ広大な「圏域」を持つ「両生類」の中国は、ユーラシア大陸の深奥の不毛な土地から不凍港や肥沃な土地を求めて本能的に領地の拡大を求めるロシアとは、全く異なる発想方法を持つ。その点を見誤ると、中国の超大国としての存在を地政学的に把握する試みは、全て的外れに終わるだろう。

中国の超大国化に伴って、台湾海峡をめぐる緊張感は高まり続けている。中国の台湾侵攻の脅威は、中国共産党の支配地域の範囲の問題であり、中国の実効支配領土の範囲の問題であると

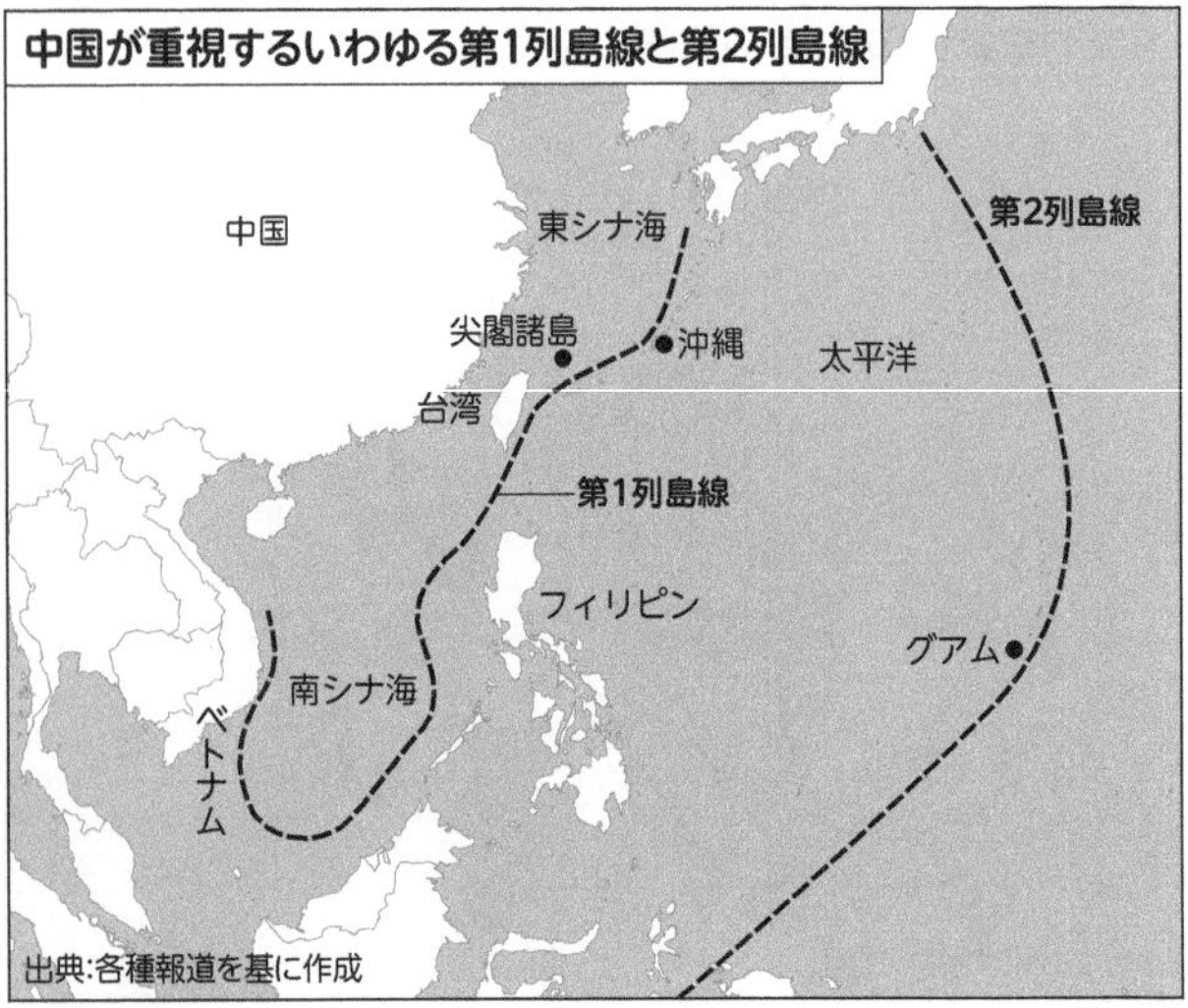

考えられている。そしてそれは、もちろん正しい。

だが地政学の視点から見れば、台湾問題は、より大きな問題を内包している。つまり、大陸系地政学理論にしたがって中国が海洋にまで広がる勢力圏を確立するのか、英米系地政学理論にしたがってシー・パワー連合が中国のリムランドの覇権を阻止するのか、という問いと直結している。中国のみならず、アメリカおよび日本が、台湾問題の帰趨を、死活的な国益のかかる問題だと認識している理由である。21世紀の米中対立が象徴する大陸系地政学と英米系地政学の世界観の相克は、台湾問題をめぐって最も劇的に展開していくことになるだろう。

中華帝国としての中国の存在を地政学的に見てみると、決定的に重要な分析上の問いに辿り着く。中国の地政学上の位置づけを把握するために重要なのは、英米系地政学にそって「両生類」とみなしていくか、大陸系地政学にそって広大な生存圏／勢力圏／広域圏を持つアジア・西太平洋地域の覇権国とみなしていくか、という問いを検討することである。この問いは、大きな分析の視点の分かれ道を示している。

恐らくは、急速な国力の拡充を果たした中国は、まだ地政学上の問いに完全に明晰に答えることができる存在になっていない。中国の指導者たちは、そもそも中華帝国の伝統にそって国力を充実させる中国は、必ずしも欧米主導の地政学の視点による分析にはなじまない存在であると考えているかもしれない。

中国人のみならず、周辺諸国の人々、あるいは中国の影響を受けている世界中の人々が、これから長期にわたって考え続けていかなければならない問いである。しかしそれだけに、二つの異なる地政学の視点で、中国がどう捉えられるかが、21世紀の国際政治における大問題である。

一帯一路とは何か

中国が追求する世界戦略は、現在のところ「一帯一路」の概念によって説明されることが多い。

一帯一路とは、中国を起点として、アジア〜中東〜アフリカ東岸〜ヨーロッパを、陸路の「一帯」とし、海路も「一路」で結び、経済協力関係を構築するという戦略である。経済政策、インフラ、投資・貿易、金融、人的交流の5分野で、交易の拡大や経済の活性化を図ることを目指している。「一帯一路」構想は、ユーラシア大陸を貫く（中国勢力圏の）複数の帯を放射線上に伸ばすだけでなく、大陸沿岸部にも中国から伸びる海上交通路を確立することを目指している。

南下政策の伝統的なパターンを踏襲するロシアの影響力の拡張に対して、一帯一路は、ユーラシア大陸の外周部分を帯状に伝って、中国の影響力を高めていこうとする点で、異なるベクトルを持っている。ロシアのように、大洋を求めて南下しているのではない。

中国は、資源の安定的な確保や市場へのアクセスを狙って、リムランドにそって影響力を広げていこうとしている。そこで一帯一路は、シー・パワー連合の封じ込め政策と、点上においてではなく、平行線を描きながら、対峙していくことになる。

中国は至るところで圧倒的な存在感を見せるが、それはたとえば北朝鮮をめぐる問題などにおいても顕著である。超大国・中国が後ろ盾として存在している限り、単純な米国優位のままの事態の解決も容易ではない。

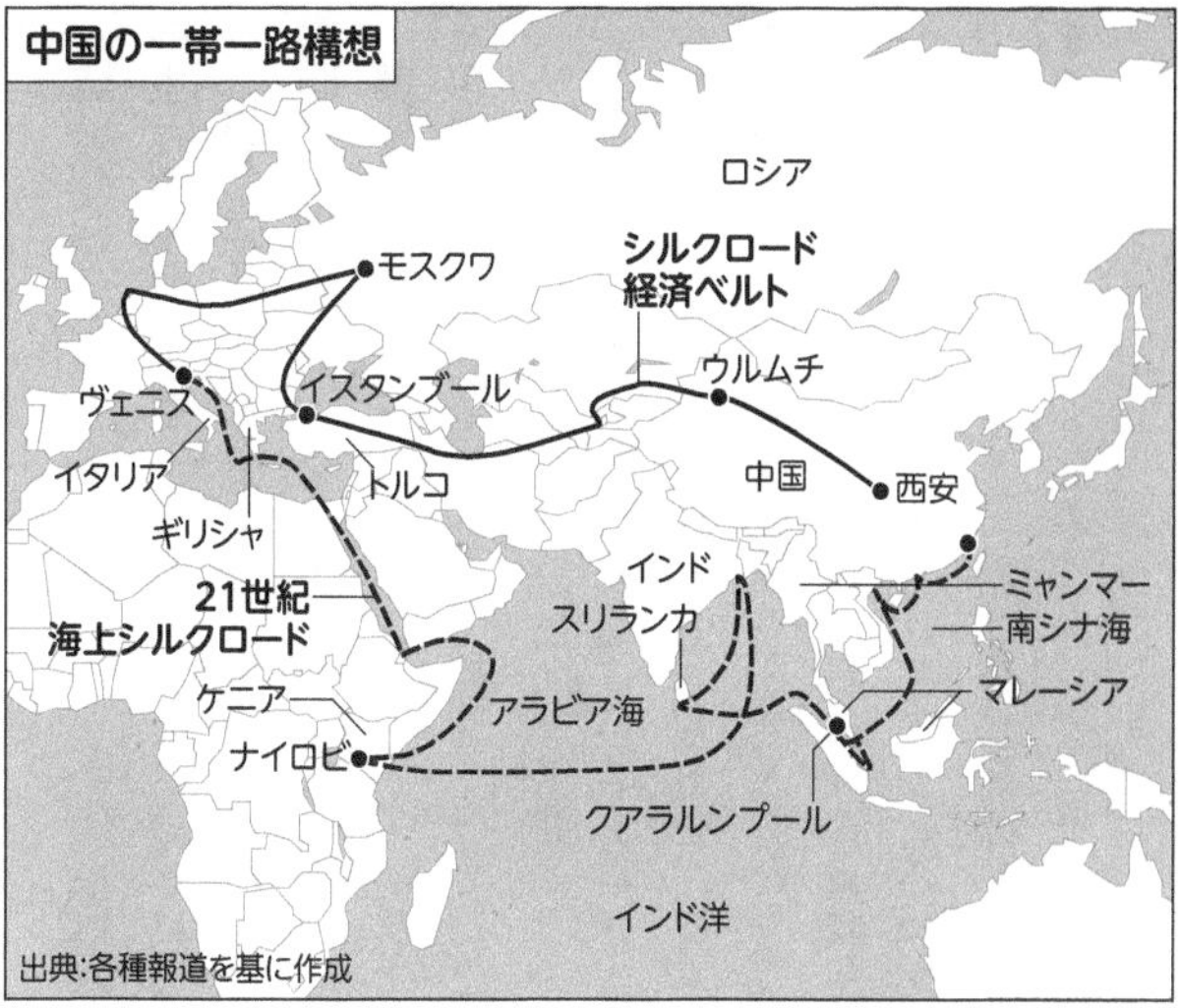

類似した構造は、ミャンマーにおけるクーデターの後に成立した軍事政権にもあてはまる。事実上の中国の後ろ盾があるからこそ、シー・パワー連合の欧米諸国を中心とする諸国からの圧力にも耐えて、存続していくことができる。

なお中国は、さらにアフガニスタンや中央アジア諸国、さらにはアフリカ諸国に関しても、財政貢献や政治調停への参画に関心を持っている。特に大量の援助を投入してきたアフリカにおける影響力は、かつてないほどに大きい。そこには一帯一路に象徴される視点にしたがって、自国の影響力を広げていこうとする圏域的な発想も見られる。

結局のところ、一帯一路とは、大陸系地政学の視点に立って言えば、中国という超大国の生存圏／勢力圏／広域圏を拡大させるにあたって政策的な指針となる考え方のことである。超大国となった中国は、極めて当然かつ不可避的に、国力に応じた自らの生存圏／勢力圏／広域圏の拡大を追求していく。

英米系地政学にしたがえば、シー・パワー連合は、この中国の圏域的な発想にしたがった事実上の拡張政策を、封じ込めるための努力を払っていくことになる。

ただしそれはロシアのような典型的なランド・パワーに対する封じ込めとはまた別に、「両生類」の超大国の拡張政策に対する封じ込め政策として追求されることになるだろう。つまり一帯一路という陸と海の双方で、リムランドにそって拡張していく中国の生存圏／勢力圏／広域圏の拡張政策に対する封じ込め政策として、追求されることになるだろう。

今後は中国の人口や経済成長の伸びは鈍化していくと予測されている。しかし急速な発展で超大国の一つとみなされるようになった中国が持つ影響力の拡大は、まだ相当な潜在力を秘めている。その一帯一路の戦略が、アジア太平洋の戦略と、紛争多発ベルト地帯にまたがる形で摩擦を生み出していく傾向は、今後さらに増えていくだろう。

自由で開かれたインド太平洋とは何か

一帯一路への注目にともなって関心が高まったのが、実態として、対抗概念として理解されている「インド太平洋（Indo-Pacific）」である。「インド太平洋」の概念は、海洋学などの自然科学分野で生まれたものだと言われるが、日本の安倍晋三首相が、国際政治にもちこんだとされる。

今や中国の一帯一路構想に対して、アメリカを中心とする同盟ネットワークが推進する戦略的概念として広範に用いられるようになった。アメリカがトランプ政権時代の２０１７年に公表した「国家安全保障戦略」では、最重要地域として特筆する「インド太平洋」地域における安全保障政策上の重要な協力関係相手は、「日本、オーストラリア、インド」であった。これは後に「クアッド」と呼ばれることになるグループだが、伝統的な太平洋のアメリカの同盟国ネットワークに、インドを招き入れ、中国を包囲する形で形成するものであった。

アメリカが、日本とオーストラリアとの関係を「自由で開かれた海」をキーワードにして発展させようとするのは、伝統的なアメリカをハブとした複数の二国間同盟の集積によって成り立つ「ハブ・アンド・スポークス」の同盟関係の深化に他ならない。ただし、そこにインドというユーラシア大陸の中央の橋頭堡に存在する21世紀の超大国を招き入れて、「クアッド」という「自由で開かれたインド太平洋」の推進力を形成していることは、一つの大きな注目すべき流れではある。

中国とインドは、領土問題などで係争関係にあるが、伝統的に、非同盟諸国運動で協調路線をとったり、21世紀になってからはＢＲＩＣＳを通じた交流を持ったりもしていた。それは現在でも続いている。

それに対して、アメリカはインドとの制度的な関係を何も持てていなかった。かつて大英帝国にとって英領インドが最重要地域であったことを考えると、インドとの疎遠な関係は、アメリカの対外政策上の大きな足かせであることは自明であった。

その意味では、「クアッド」が、アメリカの海洋国家同盟ネットワークにインドを引き寄せる仕組みを作っていることは、一つの大きな注目点である。

日本の安倍晋三氏は、２００６年に著書でインドを重視する姿勢を見せた直後に首相に就任し、翌年に初めてインドを訪問した際に行った演説で、「二つの海の交わり」として「インド太平洋」の概念を初披露した。この経緯は、安倍政権が、英米系地政学の論理にしたがって対外政策を進めていたことを示すエピソードだ。

安倍晋三氏は、２回目の首相就任を果たす直前の２０１２年にも、英語論文で「アジアの民主的な安全保障ダイヤモンド」の概念を提示し、第２次安倍政権の外交政策の指針と

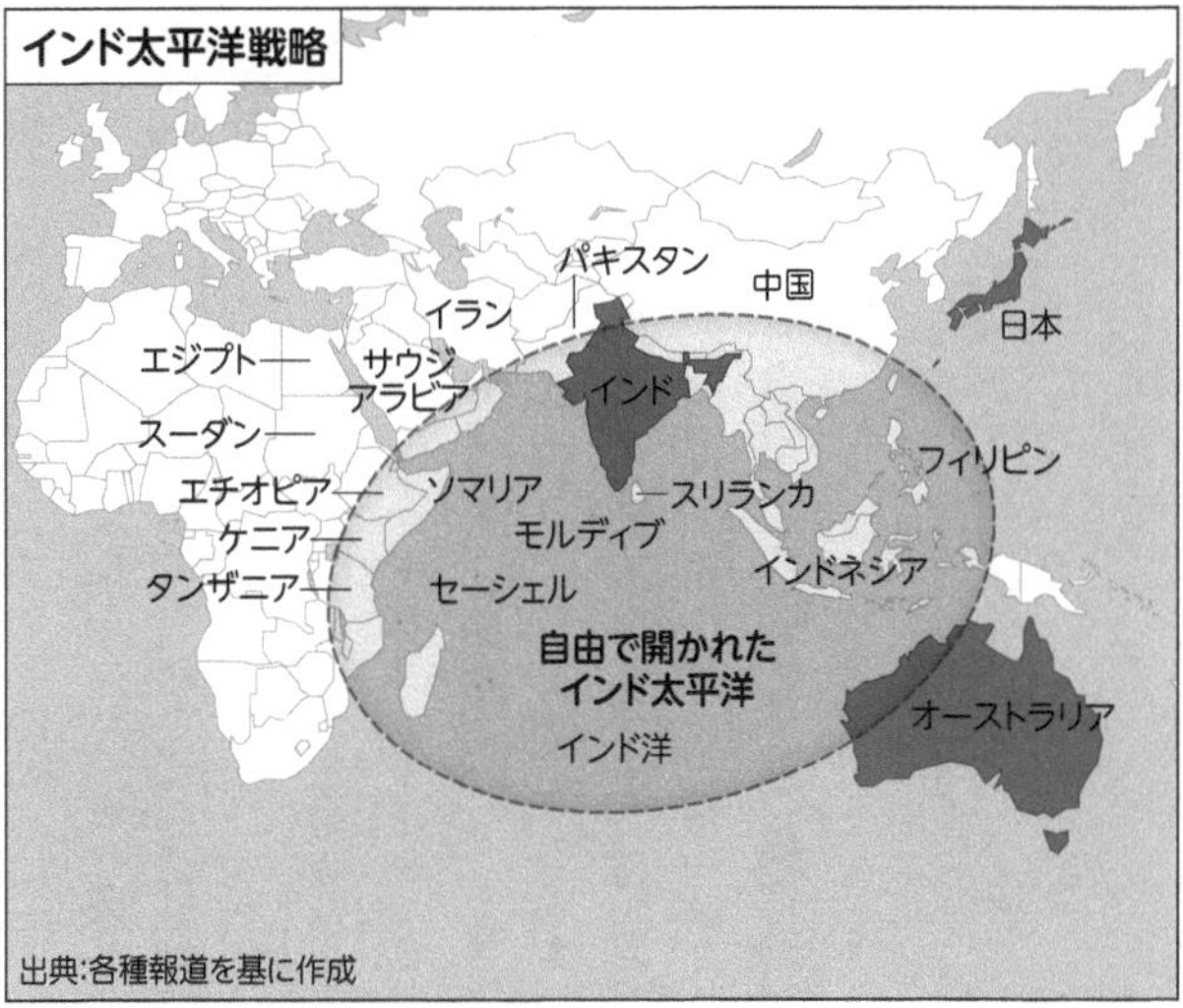

した。これは、日本、オーストラリア、インド、アメリカの4ヵ国を、インド洋と太平洋における貿易ルートと法の支配を守る四角形を形成する構成要素とみなし、その4ヵ国のネットワークの重要性を特筆する考え方であった。

この「アジアの民主的な安全保障ダイヤモンド」が、さらに中国の一帯一路の広がりにそって地理的範囲を拡張させる形で概念的に進化したのが、「自由で開かれたインド太平洋戦略」であった。

なぜアメリカを中心として形成されている海洋国家のネットワークにインドを引き入れることが大切なのか。それは、インドがユーラシア大陸最大の橋頭堡だからだ。

インドの帰趨は、リムランドの動向に大きな影響を与える。インドが離反してしまってはインド太平洋の法の支配を守ることは著しく困難になる。「クアッド」の本質は、アメリカの「シー・パワー」連合が、インドを自らのネットワークに結びつけることにあった。

近年では、イギリスやフランスなどのインド太平洋地域に自国領土を持つ諸国を中心にして、ヨーロッパ諸国の間で「自由で開かれたインド太平洋」への関心が高まっている。アメリカ・日本・オーストラリアとインドを結ぶ線に、イギリスなどのヨーロッパ諸国が加わると、いよいよさらに明晰に、リムランドにそって、中国の一帯一路と対峙するシー・パワーの同盟諸国のネットワークの動きが見えてくることになる。

この英米系地政学の理論を体現する自由で開かれたインド太平洋（FOIP）と、新しい大陸系地政学の展開を予兆させる一帯一路（BRI）の対峙の構造は、21世紀の国際政治の行方を決定づける最重要の国際社会の構造的対立の図式である。

おわりに　地政学という紛争分析の視点

本書の執筆にあたって、あらためて「地政学」という文字が題名に入っている、近年に公刊された書籍を数十冊買いあさって渉猟してみた。カラフルな挿絵が数多く挿入されていたり、漫画の登場人物が会話をする形式であったり、趣向が凝らされていて、楽しめた。

地政学には、様々な引き出しがある。わかりやすい地図があって便利なもの、思い切った単純化を施して劇画化しているもの、詳細な国際情勢分析を施しているものなど、多様である。地政学の視点の魅力の一つは、地理的条件が国際情勢に影響を与えているという簡明なメッセージとともに、切り口の多様さでもあるだろう。その地政学が持つ懐の深さは、今後も維持されるべきだし、発展させていくべきだ。

しかしそれにもかかわらず、私にとって不満を感じざるを得なかったのは、地政学があたかも完結した一つの学問分野であるかのように扱われている場合が、あまりに多いことだった。あるいは逆に、多様な地政学の視点を、単なる内部の混乱として扱ってしまうことが、一般化していることだった。私は、以前から、この傾向に不満を持っていた。しかし今回調べ直してみて、あらためて不満が高まった。

確かに世界情勢を図式的に理解できるのは、地政学の視点の大きな魅力だ。だがそれだけでは、世界観を一致させる人々が、互いにただ自分たちの権力欲にしたがって衝突しているだけだという極めて静的な世界の理解が、地政学の全てになってしまう。

現代世界では、武力紛争が多発している。ロシアによるウクライナ侵攻という劇的な事件による悲劇も続行中だ。この世界の矛盾が劇的に露呈している。静的なイメージでの地政学の理解は、私にとっては不満の材料でしかなかった。

地政学をめぐる葛藤は、むしろ人間たちはこの世界をどう見るかという世界観のレベルにおける人間の闘争を映し出している。地政学をめぐる争いは、人間の世界観をめぐる争いである。

このような率直な思いから執筆したのが、本書である。この問題意識をはっきりさせるため、英米系地政学と大陸系地政学という全く異なる世界観の上に成立している二つの異なる地政学の間の葛藤に、焦点をあてることにした。地政学をめぐる議論の中で露呈している人間の世界観をめぐる闘争を把握することこそが、現代世界の紛争の状況を構造的に理解するための鍵になる、という視点を強調することにした。

地政学の視点が明らかにする国際紛争の構図は、どのようなものか、という問いに対して、二つの異なる地政学の世界観がせめぎあう構図だ、という一つの答えを示した。

二つの異なる地政学は、異なる世界観を持つ人間たちこそが、争いを起こしている様子を描き出す。地政学は、共通の世界観を持つ人々が、単なる利益計算にしたがってのみ争っているような世界だけを描写しているのではない。むしろ根本的に異なる世界観を持つ人々が、世界観をめぐるレベルにおいてこそ争っている様子を、明らかにするのである。

地政学とは、運命論的な性格を持っているという。地理的条件などの人間にとっては外在的な要素が、人間の運命を決定しているかのように考えるからだ。これは英米系地政学にも、大陸系地政学にも、あてはまる。ただ、異なる世界観を持つ人々は、異なる運命を見出す。同じ一つの世界を見て、運命に翻弄されている同じ人間たちを見ながら、その人間を翻弄している運命を異なる様子で描写していくのである。

人間は、確かに運命に翻弄されている。しかしその運命が何であるのかについて、人間は完全には把握することができない。少なくとも運命が露呈するよりも前に、全ての運命を完全に洞察することはできない。そこで運命論的な巨大な力を感じながら、それが何であるのかをめぐる世界観の闘争を延々と繰り広げていく。

運命を手なずけようとする人間の野心は、運命に抗おうとする人間の野心と、ほとんど変わりがなく、見分けがつかない。なぜかと言えば、結局のところ、われわれがわれわれの運命を知らないからだ。

われわれに可能なのは、そのことをよく熟知したうえで、それでもなお運命は何なのか、運命に翻弄される人間はどういう状態にあるのか、を知ろうとする努力を欠かさないことだ。

地政学の視点は、運命と呼ぶこともできるような巨大な力が、この世界に存在することを示唆する。しかし、その運命がいったい何なのかは、われわれ人間には完全には把握できない。その不確かさの中で、それでもなおわれわれは生きていく。

本書で参照している邦語基礎文献

ハルフォード・ジョン・マッキンダー（曽村保信訳）『マッキンダーの地政学：デモクラシーの理想と現実』（原書房、２００８年）
ニコラス・Ｊ・スパイクマン（奥山真司訳）『平和の地政学：アメリカ世界戦略の原点』（芙蓉書房出版、２００８年）
ニコラス・Ｊ・スパイクマン（渡邉公太訳）『スパイクマン地政学「世界政治と米国の戦略」』（芙蓉書房出版、２０１７年）
ニコラス・Ｊ・スパイクマン（小野圭司訳）『米国を巡る地政学と戦略：スパイクマンの勢力均衡論』（芙蓉書房出版、２０２１年）
カール・ハウスホーファー（土方定一・坂本徳松訳）『地政治学入門』（育成社、１９４１年）
カール・ハウスホーファー（窪井義道訳）『大陸政治と海洋政治』（大鵬社、１９４３年）
カール・シュミット他（新田邦夫訳）『攻撃戦争論』（信山社、２０００年）
カール・シュミット（新田邦夫訳）『大地のノモス：ヨーロッパ公法という国際法における』上・下（福村出版、１９７６年）
北岡伸一・細谷雄一編『新しい地政学』（東洋経済新報社、２０２０年）
篠田英朗『「国家主権」という思想：国際立憲主義への軌跡』（勁草書房、２０１２年）
篠田英朗『国際紛争を読み解く五つの視座　現代世界の「戦争の構造」』（講談社選書メチエ、２０１５年）

講談社現代新書　2698

戦《せん》争《そう》の地《ち》政《せい》学《がく》

二〇二三年三月二〇日第一刷発行　二〇二四年一月二四日第五刷発行

著　者　篠《しの》田《だ》英《ひで》朗《あき》　©Hideaki Shinoda 2023

発行者　森田浩章

発行所　株式会社講談社

東京都文京区音羽二丁目一二—二一　郵便番号一一二—八〇〇一

電　話　〇三—五三九五—三五二一　編集（現代新書）

〇三—五三九五—四四一五　販売

〇三—五三九五—三六一五　業務

装幀者　中島英樹／中島デザイン

印刷所　株式会社ＫＰＳプロダクツ

製本所　株式会社ＫＰＳプロダクツ

図版制作　株式会社アトリエ・プラン

定価はカバーに表示してあります　Printed in Japan

N.D.C.209　211p　18cm

ISBN978-4-06-531283-4

「講談社現代新書」の刊行にあたって

教養は万人が身をもって養い創造すべきものであって、一部の専門家の占有物として、ただ一方的に人々の手もとに配布され伝達されうるものではありません。

しかし、不幸にしてわが国の現状では、教養の重要な養いとなるべき書物は、ほとんど講壇からの天下りや単なる解説に終始し、知識技術を真剣に希求する青少年・学生・一般民衆の根本的な疑問や興味は、けっして十分に答えられ、解きほぐされ、手引きされることがありません。万人の内奥から発した真正の教養への芽ばえが、こうして放置され、むなしく滅びさる運命にゆだねられているのです。

このことは、中・高校だけで教育をおわる人々の成長をはばんでいるだけでなく、大学に進んだり、インテリと目されたりする人々の精神力の健康さえもむしばみ、わが国の文化の実質をまことに脆弱なものにしています。単なる博識以上の根強い思索力・判断力、および確かな技術にささえられた教養を必要とする日本の将来にとって、これは真剣に憂慮されなければならない事態であるといわなければなりません。

わたしたちの「講談社現代新書」は、この事態の克服を意図して計画されたものです。これによってわたしたちは、講壇からの天下りでもなく、単なる解説書でもない、もっぱら万人の魂に生ずる初発的かつ根本的な問題をとらえ、掘り起こし、手引きし、しかも最新の知識への展望を万人に確立させる書物を、新しく世の中に送り出したいと念願しています。

わたしたちは、創業以来民衆を対象とする啓蒙の仕事に専心してきた講談社にとって、これこそもっともふさわしい課題であり、伝統ある出版社としての義務でもあると考えているのです。

一九六四年四月　野間省一

世界史Ⅰ

世界史Ⅱ

政治・社会

1145 冤罪はこうして作られる――小田中聰樹
1201 情報操作のトリック――川上和久
1488 日本の公安警察――青木理
1540 戦争を記憶する――藤原帰一
1742 教育と国家――高橋哲哉
1965 創価学会の研究――玉野和志
1977 天皇陛下の全仕事――山本雅人
1978 思考停止社会――郷原信郎
1985 日米同盟の正体――孫崎享
2068 財政危機と社会保障――鈴木亘
2073 リスクに背を向ける日本人――山岸俊男 メアリー・C・ブリントン
2079 認知症と長寿社会――信濃毎日新聞取材班
2115 国力とは何か――中野剛志
2117 未曾有と想定外――畑村洋太郎
2123 中国社会の見えない掟――加藤隆則
2130 ケインズとハイエク――松原隆一郎
2135 弱者の居場所がない社会――阿部彩
2138 超高齢社会の基礎知識――鈴木隆雄
2152 鉄道と国家――小牟田哲彦
2183 死刑と正義――森炎
2186 民法はおもしろい――池田真朗
2197 「反日」中国の真実――加藤隆則
2203 ビッグデータの覇者たち――海部美知
2246 愛と暴力の戦後とその後――赤坂真理
2247 国際メディア情報戦――高木徹
2294 安倍官邸の正体――田﨑史郎
2295 福島第一原発事故 7つの謎――NHKスペシャル『メルトダウン』取材班
2297 ニッポンの裁判――瀬木比呂志
2352 警察捜査の正体――原田宏二
2358 貧困世代――藤田孝典
2363 下り坂をそろそろと下る――平田オリザ
2387 憲法という希望――木村草太
2397 老いる家 崩れる街――野澤千絵
2413 アメリカ帝国の終焉――進藤榮一
2431 未来の年表――河合雅司
2436 縮小ニッポンの衝撃――NHKスペシャル取材班
2439 知ってはいけない――矢部宏治
2455 保守の真髄――西部邁

Ⓓ

経済・ビジネス

世界の言語・文化・地理

知的生活のヒント

Ⓐ

哲学・思想Ⅱ

Ⓑ

日本語・日本文化

趣味・芸術・スポーツ

620 時刻表ひとり旅――宮脇俊三
676 酒の話――小泉武夫
1025 J・S・バッハ――礒山雅
1287 写真美術館へようこそ――飯沢耕太郎
1404 踏みはずす美術史――森村泰昌
1422 演劇入門――平田オリザ
1454 スポーツとは何か――玉木正之
1510 最強のプロ野球論――二宮清純
1653 これがビートルズだ　中山康樹
1723 演技と演出――平田オリザ
1765 科学する麻雀――とつげき東北
1808 ジャズの名盤入門――中山康樹
1890 「天才」の育て方――五嶋節
1915 ベートーヴェンの交響曲――金聖響 玉木正之
1941 プロ野球の一流たち　二宮清純
1970 ビートルズの謎――中山康樹
1990 ロマン派の交響曲――金聖響 玉木正之
2007 落語論――堀井憲一郎
2045 マイケル・ジャクソン――西寺郷太
2055 世界の野菜を旅する　玉村豊男
2058 浮世絵は語る――浅野秀剛
2113 なぜ僕はドキュメンタリーを撮るのか――想田和弘
2132 マーラーの交響曲――金聖響 玉木正之
2210 騎手の一分――藤田伸二
2214 ツール・ド・フランス　山口和幸
2221 歌舞伎　家と血と藝　中川右介
2270 ロックの歴史――中山康樹
2282 ふしぎな国道――佐藤健太郎
2296 ニッポンの音楽――佐々木敦
2366 人が集まる建築――仙田満
2378 不屈の棋士――大川慎太郎
2381 138億年の音楽史　浦久俊彦
2389 ピアニストは語る　ヴァレリー・アファナシエフ
2393 現代美術コレクター　高橋龍太郎
2399 ヒットの崩壊――柴那典
2404 本物の名湯ベスト100　石川理夫
2424 タロットの秘密――鏡リュウジ
2446 ピアノの名曲――イリーナ・メジューエワ